高校生からの韓国語入門

稲川右樹 Inagawa Yuki

★——ちくまプリマー新書
369

目次
*
Contents

本書（🔈で示されたところ）の韓国語の音声ファイルを、特設ウェブサイトでダウンロードすることができます。下記QRコードからアクセスしてください。音声がなくても学習できるようにしていますが、音声を使うとよりマスターしやすいです。

ナレーター：李スルギ、稲川右樹
音声収録：株式会社こだまプロダクション

韓国語校正：白尚憙
イラスト：稲川右樹
アイコン：iconsphere

はじめに　韓国語ってどんな言語？

そもそも「韓国語」って何？

突然ですが、みなさんは「日本語って何？」と聞かれたら何と答えますか？ たぶん「日本で使われている言語」と答える人がほとんどでしょうね。では「韓国語って何？」と聞かれたら？ 同じ理屈で言うなら「韓国で使われている言語」ということになりますよね。では、北朝鮮で使われている言葉は？ う〜ん……「北朝鮮語」？ でも、南北首脳会談なんかを見てもわかるように、韓国と北朝鮮の人々は通訳なしでお互いに話すことが可能です。これは「同じ言語」を話しているからこそ可能なことですよね？ では、彼らが共通して話している言語は何なのでしょうか？

ということで、本格的な話に入る前に「これからこの本で扱う言語を何と呼ぶか」についてちょっと前置きをしておかなくてはなりません。海を隔てて日本の西側にある朝鮮半島は現在南側の「大韓民国（韓国）」と北側の「朝鮮民主主義人民共和国（北朝鮮）」に分断されていますが、北でも南でも同じ言語が使われています。もちろん地域差はありますし、半世紀以上にわたる分断の歴史によって生じた多少の差はありますが、基本的にお互い通訳なしで意思疎通をすることが可能です。この半島で使われている言語のことを日本では「韓国語」と呼んだり「朝鮮語」と呼んだりします。

まず「韓国語」というのは文字通り捉えると「大韓民国の言葉」という意味になります。こう呼ぶ場合の考え方は、現在、日本と国交があるのは韓国だけであり、韓国は建前上「朝鮮半島における唯一の国家」ということになっている（韓国も北朝鮮も政治的には相手の正統性を認めておらず、それぞれ自分たちこそが朝鮮半島全体の代表としています）ので、「韓国語」という言葉には半島全体の言語が含まれるというものです。どちらかというと政治的な事情が反映された呼び方とも言えます。

それに対して「朝鮮語」は言語学的な立場からよく使われる呼び方です。韓国と北朝鮮に分断される前は、この地域は「朝鮮」と呼ばれ、そこで使われている言語も「朝鮮語」と呼ばれてきました。政治的な事情で北と南に分かれたとはいえ、言語まで変わってしまったわけではありません。また、日本では今でも単に半島全体を表す地理的な呼称としては「朝鮮半島」「朝鮮戦争」のように「朝鮮」が広く使われています。そのため、客観的な言語名としては「朝鮮語」がふさわしいという考え方をする人も少なくありません。

しかし、韓国ではこの「朝鮮」という呼び方に抵抗がある人がたくさんいます。さまざまな理由があるのですが、一つは敵対する北朝鮮が今でも「朝鮮」という言葉をさかんに使っていること。もう一つは日本に支配されていた時代に「朝鮮」という言葉そのものに差別的なニュアンスが生まれたことに対する心理的な抵抗感です。そのため韓国では「朝鮮半島」のことを「韓半島」、「朝鮮戦争」のことを「韓国戦争」と呼んでいます。

日本の大学などでも「朝鮮語」と呼んでいるところと「韓国語」と呼んでいるところがあります。中には間を取って「コリア語」という呼び方をしているところもあったりします。NHK が「ハングル講座」という名前を使っているのも「韓国語か朝鮮語か」という無用の論争を避けるための涙ぐましい苦肉の策です（そのため「ハングル語」という呼び方をする人がたまにいますが、ハングルはあくまでも文字の名前なので「ハン

グル語」というのはちょっといただけません)。英語圏では「Korean」の一言で済んでしまうことを考えると、悩みが少なくていいなあという気持ちになってしまいます。

さて、この本ではこれらの事情をすべて考慮した上で特に断りがない場合は、この言語全体について「韓国語」という呼び方をしようと思います。現在の日本で最も一般的に使用されている呼び方であることに加え、この言語に関して私たちが接する情報のほとんどが大韓民国からのものであり、この言語を使ってコミュニケーションを取る相手もほぼ間違いなく大韓民国の出身者だからです。

どんな人たちがどこで使ってるの？

では、この韓国語、世界のどんな場所でどんな人たちによって使われているのでしょうか？ 文部科学省が2020年現在インターネットで公開している資料（「世界の母語人口」）によると、韓国語を母語としている人口は約7500万人となっています。ちなみに日本語の使用人口は約1億2500万人ですから、それに比べると随分少ないような気がしますが、実は順位で見ると韓国語は第12位で、なんとフランス語（7200万人）を上回っています。フランス語より多いなんて、ちょっとこれは驚きですよね。

さて日本語を日常のコミュニケーション言語として使用している1億2500万人は、一部の例外を除きほぼ全てが日本に居住しています。では韓国語の場合はどうでしょうか？ 現在、韓国語を母語としている国家は韓国（約5100万人※在留外国人含む）と北朝鮮（約2500万人）の2つです。しかし、世界で日常的に韓国語を話している人たちの総人口は8000万人を超えるとされます。つまり、朝鮮半島以外にも韓国語を話している人たちがかなりいるということです。それはどんな人びとなのでしょうか？

まず人口の上で最も多いのは、中国の東北地方に住んでいる「朝鮮族」と呼ばれる人々で、約270万人の話者がいるとされています。彼らは現在の北朝鮮の北部地域から中国へ移住した人々の子孫で、中国では少数民族として認定されています。民族の誇りが高く、教育に非常に熱心な傾向があり、そのため中国語と韓国語（朝鮮語）のバイリンガルであることが多いです。近年は高い賃金を求めて韓国に出稼ぎに来る人も多く、ソウルの飲食店や居酒屋などに行くと朝鮮族独特のなまりの強い韓国語がよく聞こえてきます。

ロシアやウズベキスタン、カザフスタンなどの中央アジアには「コリョサラム（高麗人）」という人々が住んでいる地域があります。彼らは19世紀の朝鮮時代末期にロシア東部の海岸地帯（沿海州（えんかいしゅう））に移住した人々の子孫です（ソビエト連邦の成立後、中央アジアに強制移住させられた経緯があります）。50万人ほどの人口がありますが、若い人たちの中には韓国語（高麗語）がまったくできない人が多く、現在の話者数は20万人程度だと言われています。また、もともとの出身地である北朝鮮北部の方言に加えて、ロシア語の強い影響を受けたものとなっているため、普通の韓国人とお互いの言葉で意思疎通を図るのは大変難しいようです。

朝鮮半島出身者のコミュニティと言えば、日本にも数多くの在日韓国・朝鮮人と呼ばれる人びとが住んでいます。多くは日本の統治時代や終戦直後に日本に渡ってきた人たちの子孫で、今では4世、5世の時代に入っています。その数は約50万人にも上り、日本におけるエスニック・コミュニティですが、彼らの多くは日本社会への適合を選択した（せざるをえなかった）ために、韓国語を流暢に話せるのは民族教育を受けた一部の人に限られており、その数は約10万人程度だと言われています。しかし、近年の韓流人気を受けて若い在日韓国・朝鮮人の中にも新たに韓国語を学ぼうとする人が増えており、上の世代の親よりも下の世代の子どもたちのほうが、「標準語（ソウル言葉）」が上手という逆転現象も生まれています。

日本ではどんな人が勉強してるの？

現在の日本で韓国語を勉強している人はどれぐらいいるのでしょうか。そして、どのような人たちが韓国語を勉強しているのでしょうか。実はこれが、正確な数を把握するのはなかなか難しい問題なのです。どこかの教室に通って先生から教わっている人だけが対象なのか？ 独学している人はどうなるのか？ 特に教科書を買って勉強しているわけではないけど毎日韓国語の YouTube を見ているうちに何となく韓国語が聞き取れるようになった人は含めるのか？ などなど……何しろ何をもって韓国語を勉強していると言うのかという定義がそもそもすごく曖昧です。

しかし、いろいろな統計データからざっくりとした輪郭を描き出すことはできなくもありません。たとえば、ある調査によると 2015 年現在で、韓国語関連の科目を設置している大学は 474 校あり、これは全国の大学の約 61.5% にあたります（ただそのほとんどが専攻ではなく、教養外国語科目としての講義です）。ここから大学生の韓国語履修者数はざっと 10 万人ほどと推定されるそうです。また、韓国語関連の科目を設置している高校は 2016 年現在で全国に 328 校あり、1 万人以上の履修者がいます。つまり、少なくとも大学や高校の教室で学習している人たちだけで 10 万人を超える韓国語学習者がいることになります。英語以外の外国語としては中国語に次いで第 3 位です*。

しかし、これらはあくまでも氷山の一角に過ぎません。このデータからは他の年齢層や民間の韓国語教室の受講者、そして独学者の姿は見えてきません。

今回この本を執筆するにあたって、僕は独自にSNSを通じた韓国語学習実態調査のためのアンケートを行いました。詳しくは、本書の最後に書いてありますので、ぜひそちらもご覧ください。

＊朴珍希（2017）「外国語としての韓国語教育の現状と課題――岡山県内の大学・高校の「第２次韓流ブーム」以降の変化を中心に」参照。

第1章　ハングルって難しい？（文字・発音編）

記号のような暗号のような文字

「難しそう」「宇宙人の暗号みたい」「絶対読める気がしない」。

いずれもハングルを初めて見た日本人がよく口にする感想です。

○や□やいろんな棒が上に下に入り乱れてパッと見たところ非常に複雑な印象を受けるハングル。元となった物の形を連想できる漢字や、曲線が多くて柔らかい印象を与えるひらがなに比べて、ハングルはなんだか無機質で、文字というより記号のように見えるかも

ハングルで書かれた15世紀の文書（『訓民正音諺解』）

しれません。

しかもよく見ると、カタカナの「ス」のような文字もあるし、漢字の「己」や「人」や「大」のように見える文字も。さらにはアルファベットの「E」や「H」のような文字もちらほら……。

こんな風に「見覚えがあるようでない」「読めそうで読めない」ところも、日本人にとってハングルに対する心理的なハードルを高める原因となっているかもしれません。

韓国に旅行に行くと、街並みは日本にそっくりなのに看板や食堂のメニューはどれもこれもハングルで埋め尽くされていて（最近はずいぶん外国語表記も増えてきましたが）、目が回ってしまう「ハングル酔い」という現象も昔からよく言われてきました。同じアジアでも、中国の場合は言葉は通じなくても漢字を見れば大体の意味はわかるので、食堂などでもどんなメニューなのかあるていど見当がつけられるのですが、これがハングルだと一体どんな料理が出てくるのか、そもそもそこが食堂なのか文房具店なのか、それとも弁護士事務所なのかすら看板だけでは判断できません。

このとっても難しく見えるハングル、実はちょっとしたコツさえつかめば信じられないほど短期間にマス

ひらがな風アレンジがほどこされたハングルの看板

ターできるのです。

皆さんの幼い頃を思い出してください。ひらがなとカタカナをマスターするのにどれぐらいの時間がかかりましたか？ 個人差はあれ、おそらく何日も、あるいは何週間もかかったのではないかと思います。さらに日本語の場合はそれで終わりではなく、その後も漢字との果てしなき戦いが待っています。それらの苦行を終えてようやく、食堂のメニューや小説や新聞記事が読めるようになるのです。もちろん小学校に上がったばかりの子供が新聞記事をスラスラ読むことなど不可能です。

ところがハングルの場合は、文字を学びはじめて数週間しか経っていない子供が、新聞記事や学術論文を（意味はわからなくても）声に出して読みあげることが可能です。15世紀、ハングルが作られたときに発行された『訓民正音（くんみんせいおん）』という書物にも「賢い者は半日、愚かな者でも一週間で読めるようになる」という文句が出てきます。後ほどまた述べますが、そもそもハングルは「誰もが簡単に読み書きできること」を目指して作られた文字です。ハードルの見た目の高さとは裏腹に、実際やってみると、そのハードルは拍子抜けするほど簡単に飛び越せるものなのです。

ハングルのしくみ（母音・子音・パッチム）

さて、前置きがちょっと長くなりましたが、これからハングルをマスターするための話をしましょう。

ハングルを読むためにはまず、その基本構造を知る必要があります。

ハングル一文字の中に「母音（ぼいん）」「子音（しいん）」「パッチム（終わりの子音）」という3つのパーツが入っています。ここで理解を助けるために、皆さんがよく知っている英語と比較しながら話をしましょう。

たとえば「サム」という人の名前をアルファベットで書くとどうなるでしょうか？　そう「SAM」ですね。この綴りは「S（子音）」「A（母音）」「M（終わりの了音）」からなっています。英語の場合はこの3つを横に並べて書くのですが、ハングルはこれを一文字のなかにギュッと詰め込んでしまいます。つまりこんな感じです。

そしてそれぞれの音を表すハングルはこんな形になります。「S→ㅅ」「A→ㅏ」「M→ㅁ」。これをさっきの図にあてはめてみると……。

そう。「삼」となります。アルファベットでは3文字必要だった発音が、ハングルにすると一文字に圧縮されるのです。

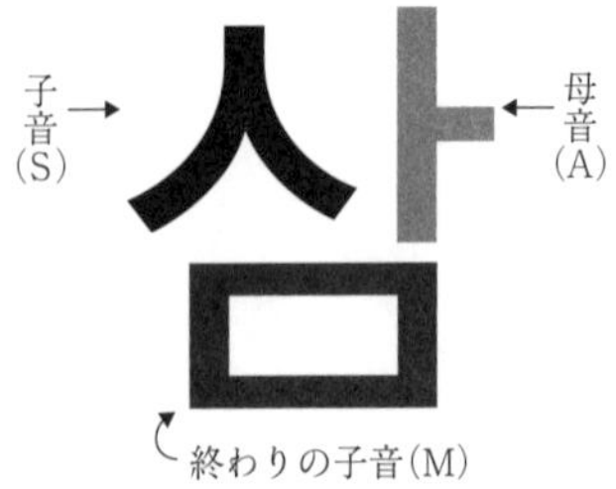

終わりの子音であるパッチムがない文字もありま

す。たとえば日本語話者には「ヒ」という音に聞こえる文字がそうです。まずアルファベットにしてみましょう。「HI」つまり「H」と「I」ですね。それぞれの音を表すハングルは……「H→ㅎ」「I→ㅣ（形の偶然の一致！）」です。そのため出来上がるハングルは「히」です。

では、ここまで習ったことを応用して韓国語で「力」という意味の「HIM」という単語をハングルで書いてみましょう。「H→ㅎ」「I→ㅣ」「M→ㅁ」でしたよね。なので、正解は……。

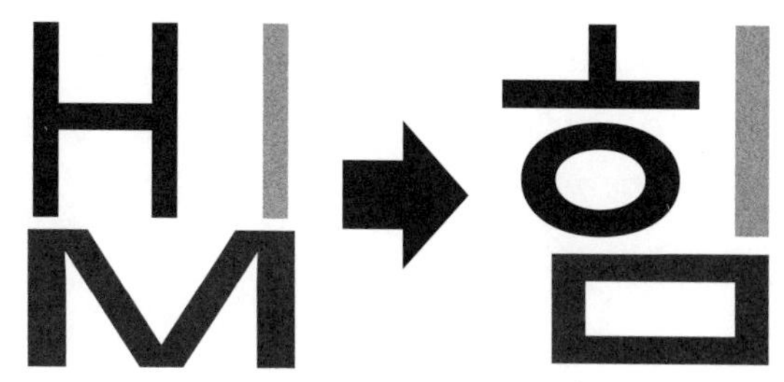

どうですか？ 今まで漠然と記号が無秩序に並んでいるように見えていたハングルに、少しずつ規則性が見えてきたんじゃないでしょうか。では今から本格的に、ハングルで表される母音や子音を見ていきましょう。

母音　🔈1

ハングルを見ると、それぞれの文字に棒のようなものがくっついているのがわかります。縦になったり横になったり、前後左右に小さな出っ張りがついている棒もあります。この棒状の部分がハングルでは母音を表します。たとえば「ㅏ」という形は［a］という音の母音です。この音は日本語ネイティブの耳には「あ」として聞こえます。

母音はその前に子音がくっついて一つの音を作り出すことが多いのですが、母音だけで発音されることも少なくありません。そんなときハングルでは子音がくる場所に「○」をつけて書きます。

母音がくる位置はこんな感じです。

日本語の母音は「あ」「い」「う」「え」「お」の5種類ですが、韓国語の母音はもう少しバラエティに富んでいます。それはつまり、日本語ネイティブの耳には同じ母音に聞こえる音でも、韓国語ネイティブにとっては母音として認識される音が混じっているということです。

ハングルの母音が日本語ネイティブの耳にどのように聞こえるかを簡単にまとめると次のようになります。

「아」→「あ」
「이」→「い」
「우」「으」→「う」
「애」「에」→「え」
「어」「오」→「お」

見ればわかるように、「う」「え」「お」に聞こえる音には2つの母音が存在します。日本語ネイティブにとってはこれがなかなか厄介です。日本語ネイティブにとっては同じように「お」として聞こえる音でも、韓国語ネイティブは「ㅗ」と「ㅓ」の区別があり、それはちょうど日本語ネイティブにとっての「きんメダル」と「ぎんメダル」のように、まったく違う

ものとして考えられています。たとえば、「고기(肉)」と「거기（そこ)」という韓国語があります。前者は「ㅗ」、後者は「ㅓ」の母音で1音目が発音されますが、ほとんどの日本語ネイティブの耳にはどちらも「コギ」としか聞こえません。しかし、韓国語ネイティブにとってはこの2つはまったく違った音に聞こえるし、ちゃんと発音しないと「肉です」なのか「そこです」なのか、ちゃんと伝わらないのですから厄介です。

それぞれの母音にどのような違いがあるのかについては、残念ながらここではあまり紙面を割くことができないため、本格的に韓国語の勉強を始めてからじっくり向き合ってほしいのですが、興味がある人は僕の著書である『ネイティブっぽい韓国語の発音』(HANA）にかなり詳しく書いてあるので、よかったら参考にしてみてください。

ちなみに「애」「에」に関しては、韓国でも発音上の区別はほぼなくなっているので、日本語の感覚で「え」と発音して問題ありません。ただし、日本語の「じ」と「ぢ」、「ず」と「づ」のように、書くときはしっかり区別しますので気をつけましょう。

さて、母音の中には「ㅑ」「ㅕ」のように棒につい

ている出っ張りの数が2つのものがあります。これは「やゆよ」のように［i］の音を含んだ母音です。［i］を含むという表現はちょっとわかりにくいかもしれませんね。たとえば「や」という音をゆっくり発音してみてください。最初「い」のような音があって、それが「あ」の音に移るときに「や」になるということがわかると思いますが、ここで述べているのはこのような音のことです。つまり「야」は「이」から「아」に移る過程で起きる音ということです。

これらの母音は日本語ネイティブの耳にはそれぞれ次のように聞こえます。

「야」→「や」
「유」→「ゆ」
「얘」「예」→「いぇ」
「여」「요」→「よ」

二重母音 🔈2

中には2つの母音が合わさって1つの音を表しているものもあります。それらは「二重母音」と呼ばれ、それぞれ日本語ネイティブの耳にはこんな風に聞こえます。

「와」→「わ」
「위」「의」→「うぃ」
「왜」「웨」「외」→「うぇ」
「워」→「うぉ」

さきほど「야」は「이」から「아」に移る過程で生じる音と言いましたが、二重母音の場合はそのプロセスが文字の中に表されています。たとえば「와」という母音は「ㅗ」と「ㅏ」が合わさった形をしています。つまりこれは「ㅗ」（[o]）から「ㅏ」（[a]）に移るときに生じる音であるということを示しているのです。日本語ネイティブの耳には「わ」として聞こえます。

上を見ると「うぇ」に聞こえる音がやたら多いのがわかります。見ているだけでそれこそ「うぇ〜っ」という気分になりそうですが、さきほど述べた「ㅐ」「ㅔ」の区別が現在はなくなってしまったのと同じように、これら３つも発音上の区別はすでになくなってしまったと思っていいでしょう。ただ「외」だけは「ㅗ」（[o]）から「ㅣ」（[i]）に移る形を取ってい

て、文字と実際の発音にギャップがあるので要注意。どちらにしても発音は「うぇ」で問題なく通じるはずです。

さて、こうして見ると二重母音の場合は日本語の「わ」「うぃ」「うぇ」「うぉ」でほぼ問題がないということになるのですが、唯一「의」だけは「위」と区別されますので気をつけてください。「으」から「이」に移る音で、酔っぱらった人が「ウィ〜」と言う感じの音にも似ています。はじめて聞くとちょっと間抜けな感じがする音なのですが恥ずかしがらずにしっかり発音してほしいものです。

子音　🔈3

ハングルの母音の左には子音が置かれることが多いのですが、「오（とその派生の요）」「우（とその派生の유）」「으」などの「横棒系ハングル」の場合は上に子音が置かれます（○のところに子音が入ります）。

ではここで、ハングルで使われる基本子音を見てみましょう。

	音の感じ	備考
ㄱ	「ガ行」	語頭では「カ行」っぽく聞こえたりもする
ㄴ	「ナ行」	
ㄷ	「ダ行」	語頭では「タ行」っぽく聞こえたりもする 「디」「드／두」は「ディ」「ドゥ」のように聞こえる
ㄹ	「ラ行」	
ㅁ	「マ行」	
ㅂ	「バ行」	語頭では「パ行」っぽく聞こえたりもする
ㅅ	「サ行」	
ㅇ	「ア行」	母音のみで発音する場合につく
ㅈ	「ジャ行」	語頭では「チャ行」っぽく聞こえたりもする

これらがさきほど述べた母音と結合して、様々な音を作り出すわけです。ちょうど次のイラストのようになります。

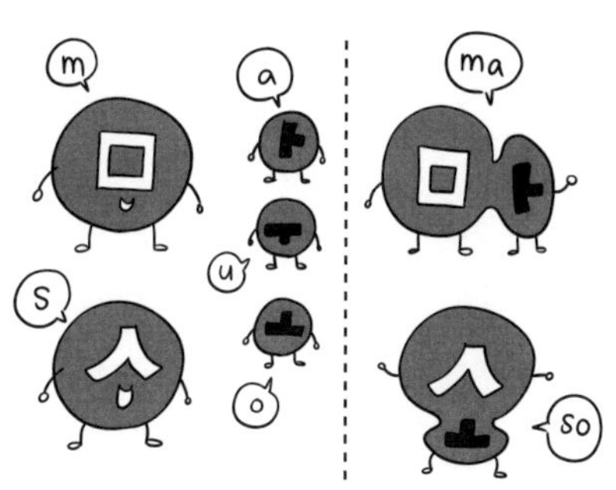

激音・濃音　🔈4

いま紹介した子音は「平音」と呼ばれます。平音はすべての子音たちのベースとなる最も基本的な形です。日本語のひらがな「か」に「゛」をつけると音が濁って「が」という濁音になりますが、それと似たような感じでハングルにも、平音を加工してバージョンアップした音を作り出せるものがあります。それが激音と濃音です。その一覧は次のページの表の通りです。

平音（基本）	激音	濃音
ㄱ	ㅋ	ㄲ
ㄷ	ㅌ	ㄸ
ㅂ	ㅍ	ㅃ
ㅅ		ㅆ
ㅇ	ㅎ	
ㅈ	ㅊ	ㅉ

この表に空欄があることからもわかるように、すべての子音が激音や濃音にバージョンアップできるわけではありません。激音と濃音すべてに変化できる子音もあれば、激音にしかなれないもの、濃音にしかなれないものもあります。日本語でも濁音を持つものと持たないものがありますよね。それに似たような感じだと思ってください。

激音というのは読んで字のごとく「激しい音」という意味です。たとえば気持ちをたっぷり込めて「カワ

イイー！」と言う感じを思い浮かべてください。このとき、語頭の「カ」の発音には音だけではなく「息漏れ」が含まれるのがわかるでしょうか。このように強い息漏れを伴った音を韓国語では「激しい音」つまり激音と呼びます。日本人の耳には同じように「カ」として聞こえる音も、強い息漏れがなければ「가」、強い息漏れがあれば激音の「카」となり、違う音として認識されるのです。

激音はまだ日本語ネイティブにもわかりやすいのですが、難しいのはもう一つのバージョン、濃音です。字を見ると「濃い音」と書いてありますが、「音が濃いって一体どういうこと？」と思うのではないでしょうか。韓国ではこの音に対し「硬音（경음）」つまり「硬い音」という言葉がよく使われるのですが、それでもいまいちピンときませんよね。

簡単に言うと濃音とは「緊張を伴って発せられる音」のことです。呆れて「まったく！」と言うとき、最初の「ま」が消えて「ったく！」と発音される感じを思い浮かべてください。「た」が発音される前に口の中が緊張し、何かのパワーが口の中にたまって、それが「た」の発音と同時に一気に解放される感じ、わかるでしょうか？ これがつまり濃音の感覚です。濃

音は平音の子音を２つ並べた形をしています。これはアルファベットの表記方法にもちょっと似ています。「まったく」をアルファベットで書くと「mattaku」ですが、「ま」を取って「ったく」だけにすると「ttaku」、この「t+t+a → tta」がつまり「ㄷ＋ㄷ＋ㅏ→따」だと考えるとわかりやすいのではないでしょうか。

「ったく」のような特殊なケースを除けば、日本語にはこのような発音をする単語が存在しないため、濃音は韓国語の発音のうち日本語ネイティブが最も苦労する発音の代表格です。特に語頭の濃音は難しく、よく「あたまに小さな「っ」がついているように発音しましょう」と指導されるのですが、緊張のあまり息漏れを起こして激音のように聞こえるケースが少なくありません。そのような場合は、たとえば「까」であれば、「っが」のように「小さな「っ」＋濁音」のような感覚で発音すれば、息漏れを抑制することができ、濃音に聞こえやすくなります。

パッチム　🔈5

ハングルをみると「삼」や「물」のように、下に子

音がついたものがたくさんあることに気づきます。これらの子音は「パッチム（받침）」と呼ばれます。日本語の場合、ほとんどの単語は母音で終わります（「ん」「っ」などで終わる一部の例外はあります）。しかし、韓国語の場合、子音で終わる単語が非常に多く、これを表すためにパッチムが必要になってくるのです。

パッチムには基本子音以外にも激音や濃音など今まで学んだ様々なハングルが使われますが、実際に発音される音はかなり限られています。次のページの表にそれをまとめてみました。

パッチム表記	実際の音	アルファベットにすると
① ㄱ, ㅋ, ㄲ	ㄱ	k
② ㄴ	ㄴ	n
③ ㄷ, ㅌ ㅅ, ㅆ ㅈ, ㅊ, ㅎ	ㄷ	t
④ ㄹ	ㄹ	l
⑤ ㅁ	ㅁ	m
⑥ ㅂ, ㅍ	ㅂ	p
⑦ ㅇ	ㅇ	ng

パッチムを発音するときのコツは「音を止めたままキープする」ということです。たとえば「학」というハングルを発音する場合を考えてみましょう。「하」

に「ㄱ」パッチムがついているわけですから、まず「하」を発音した後に「ㄱ」を発音する位置、つまりのどの奥のほうで音を止めて、そのままキープすることができなくてはいけません。同様に「감」の場合は「가」を発音した後に「ㅁ」を発音する位置、つまり唇で音を止めてそのままキープです。決して口を開けてはいけません。

日本語にはこのように「音を止めたままキープする」という習慣がありません。ほとんどの場合「あいうえお」の母音をつけて音を安定させようとします。そのため「학」に「う」の母音をつけて「ハク」と発音したり、「김밥」の「ㅂ」パッチムを省略して「キンパ」と発音したりするわけです。しかし、韓国語にはパッチムがついている単語が極めて多く、うまく発音できないと意味が通じないため、何度も何度も練習してしっかりマスターしてほしいところです。

ハングルで名前を書いてみよう

韓国語を学ぶのに欠かせない文字、ハングルについてはなんとなくわかっていただけたでしょうか？ さて、ここからはハングルを実際に書いたり読んだりして、もっともっとハングルと仲良しになってもらいます。

「え、そんなこと言われても韓国語も知らないのに……」と思っているあなた、大丈夫です。韓国語を知らなくてもハングルを練習する方法が、ちゃんとあるのです。それはつまり、自分の名前をハングルで書くこと。あなたの名前の音は韓国語になったからといって変わるわけではありません。それに名前はあなたの最も基本的な個人情報ですので、韓国語で自己紹介するときなど、実際に書く機会が他の単語に比べてずっと多いです。というわけで、まずはひらがな（またはカタカナ）をハングルに直すところから練習してみましょう。ちなみにちょっと例外的な表記をする音はあらかじめ書いておきましたので、それは別に覚えておいてください。

【練習問題】

子音と母音を組み合わせて、次のページのあいうえお表にハングルを書き込んでみましょう。なお、日本人の名前の表記には一般的に使用されないことが多い母音（으、애、어、얘、예、여、二重母音）はここでは省略します（※一度書いただけでは覚えられないので、

くり返し練習するために別の紙に書くのをおすすめします)。

	あ行(ㅇ)	か行(ㅋ)	さ行(ㅅ)	た行(ㅌ)	な行(ㄴ)
あ(ㅏ)	あ	か	さ	た	な
い(ㅣ)	い	き	し	치 ち	に
う(ㅜ)	う	く	스 す	츠(쓰) つ	ぬ
え(ㅔ)	え	け	せ	て	ね
お(ㅗ)	お	こ	そ	と	の

	は行 (ㅎ)	ま行 (ㅁ)	ら行 (ㄹ)	わ行 (ㅇ)
あ(ㅏ)	は	ま	ら	わ
い(ㅣ)	ひ	み	り	
う(ㅜ)	ふ	む	る	
え(ㅔ)	へ	め	れ	
お(ㅗ)	ほ	も	ろ	

注：母音のう（ㅜ）、お（ㅗ）は子音の下側に書きます。

	が行 (ㄱ)	ざ行 (ㅈ)	だ行 (ㄷ)	ば行 (ㅂ)	ぱ行 (ㅍ)
あ(ㅏ)	が	ざ	だ	ば	ぱ

い(ㅣ)	ぎ	じ	지 ぢ	び	ぴ
う(ㅜ)	ぐ	즈 ず	즈 づ	ぶ	ぷ
え(ㅔ)	げ	ぜ	で	べ	ぺ
お(ㅗ)	ご	ぞ	ど	ぼ	ぽ

	や行 (ㅇ)	きゃ行 (ㅋ)	ぎゃ行 (ㄱ)	しゃ行 (ㅅ)	じゃ行 (ㅈ)
や(ㅑ)	や	きゃ	ぎゃ	しゃ	じゃ
ゆ(ㅠ)	ゆ	きゅ	ぎゅ	しゅ	じゅ
よ(ㅛ)	よ	きょ	ぎょ	しょ	じょ

	にゃ行（ㄴ）	ひゃ行（ㅎ）	びゃ行（ㅂ）	ぴゃ行（ㅍ）	りゃ行（ㄹ）
や（ㅑ）	にゃ	ひゃ	びゃ	ぴゃ	りゃ
ゆ（ㅠ）	にゅ	ひゅ	びゅ	ぴゅ	りゅ
よ（ㅛ）	にょ	ひょ	びょ	ぴょ	りょ

注：ゆ（ㅠ）、よ（ㅛ）は子音の下側に書きます。

どうでしたか？ すべて書きこむことができたでしょうか？ では答え合わせです。次のページから答えを載せていますので、ご覧ください。

ちなみに、これ以降この本のハングルにはカタカナによる振りがながなくなりますので、くり返し書いてしっかり覚えましょう。でも読み方がわからなくなったら、何度でも戻ってきて参考にしてくださいね。

	あ行	か行	さ行	た行	な行
あ	아	카	사	타	나
い	이	키	시	치	니
う	우	쿠	스	츠(쓰)	누
え	에	케	세	테	네
お	오	코	소	토	노

	は行	ま行	ら行	わ行
あ	하	마	라	와
い	히	미	리	
う	후	무	루	
え	헤	메	레	
お	호	모	로	

注：ん＝ㄴパッチム

	が行	ざ行	だ行	ば行	ぱ行
あ	가	자	다	바	파

い	기	지	지	비	피
う	구	즈	즈	부	푸
え	게	제	데	베	페
お	고	조	도	보	포

	や行	きゃ行	ぎゃ行	しゃ行	じゃ行
や	야	캬	갸	샤	자
ゆ	유	큐	규	슈	주
よ	요	쿄	교	쇼	조

注：韓国語は［z］と［j］の音を区別しないため、「ざ」も「じゃ」も同じく「자」となります。

	にゃ行	ひゃ行	びゃ行	ぴゃ行	りゃ行
や	냐	햐	뱌	퍄	랴
ゆ	뉴	휴	뷰	퓨	류
よ	뇨	효	뵤	표	료

ここで一つおことわりがあります。韓国語には「外来語表記法」というルールがあり、日本語をハングルに転記する方法も定められているのですが、それと上の表の間には若干のズレがあります。そのズレについてご説明します。

まず、「かかし」「たたみ」など、日本語で清音(せいおん)(濁らない音)で始まる単語の表記についてです。韓国の外来語表記法には「語頭の表記には平音を使うこと」という条項があります。

それに従って表記すると「かかし」「たたみ」は次のようになります。

かかし→가카시
たたみ→다타미

日本語ネイティブからすると、「かか」と同じ音が続いているのに、「가」と「카」と異なるハングルが使われることを不思議に思うかもしれません。これは日本語の「か」と「が」を分ける基準と、韓国語の「가」と「카」を分ける基準がそもそも異なり、日本語ネイティブにとっては同じ「か」でも韓国語ネイティブにとっては、語頭は「가」、それ以降は「카」に近い音として感じられるという現象を反映したルールです。

しかし、これには一つ問題があります。京都の「金閣寺」「銀閣寺」は知っていますよね？　この二つ、外来語表記法にのっとってハングルで表記するとどちらも「긴카쿠지」になってしまうのです。実際に「金閣寺」に行こうと思った韓国人観光客がタクシーの運転手に「긴카쿠지」と言ったところ、「銀閣寺」だと思われて、全然違う場所に連れて行かれたという事例があります。こういう事態を防止するために、韓国人向けのパンフレットでは金閣寺を「킨카쿠지」と激音で表記することが多いです。「킨」の音は、日本語の

「金」の音とは厳密には異なるのですが、しかし少なくとも日本語ネイティブの耳には100%「きん」として聞こえます。

また、最近は語頭か語中かにかかわらず、「清音→激音」「濁音→平音」で表記することが増えてきています。たとえば「清音→激音」の例では、「千と千尋の神隠し」の「千尋（ちひろ）」の表記は本来なら「지히로」であるはずなのですが、韓国では「치히로」として公開されています。同様に「たなか」さんも、規則通りに書けば「다나카」ですが、最近は「타나카」と書かれている場面も多くなっています。特に名字ではなく下の名前の場合は、語頭から激音で書くことが多いです。

また「つ」の発音も、外来語表記法では「쓰」とされていますが、これはどちらかというと日本語の「す」に聞こえることが多く、最近は「츠」と表記されることが多いです。

「ちなつ」さんの場合も、原則通りに書くなら「지나쓰」、今っぽく書くなら「치나츠」です。該当する人は自分の好きな方を選んで書けばいいと思います。

日本語	ハングル（外来語表記法どおりに書いた場合）	ちょっと一言
まえだ　ななみ	마에다 나나미	
やまもと　えりか	야마모토 에리카	
たなか　まゆな	다나카 마유나	타나카 と書くことも
いその　かつのり	이소노 가쓰노리	카츠노리 でも OK！
おおさか　みく	오사카 미쿠	原則として長音は表記しない！
おおの　りょう	오노 료	原則として長音は表記しないが、「おの」さんと区別できなくなくなってしまうのが嫌なら、오오노と書いても OK！
はっとり　えりか	핫토리 에리카	小さな「っ」は人パッチム。
こんどう　しんのすけ	곤도 신노스케	「ん」は原則的にㄴパッチムで表記！ 콘도でも OK！

コラム 日本の都道府県のハングル表記

韓国の人と交流する上で何かと話題に上ることが多いのが出身地や住んでいるところの話。日本には47の都道府県がありますが、それぞれハングルではどう書くのでしょうか？ 自分と関係のある都道府県の書き方をまず覚えましょう。他の都道府県もハングルの読み書きの練習に活用してみてください。

北海道 / 홋카이도

青森 / 아오모리
岩手 / 이와테
宮城 / 미야기
秋田 / 아키타
山形 / 야마가타
福島 / 후쿠시마

茨城 / 이바라키
栃木 / 도치기
群馬 / 군마
埼玉 / 사이타마
千葉 / 지바
東京 / 도쿄
神奈川 / 가나가와

新潟 / 니가타
富山 / 도야마
石川 / 이시카와
福井 / 후쿠이
山梨 / 야마나시
長野 / 나가노
岐阜 / 기후
静岡 / 시즈오카
愛知 / 아이치

三重 / 미에
滋賀 / 시가
京都 / 교토
大阪 / 오사카
兵庫 / 효고
奈良 / 나라

和歌山 / 와카야마

鳥取 / 돗토리　　島根 / 시마네
岡山 / 오카야마　　広島 / 히로시마
山口 / 야마구치

徳島 / 도쿠시마　　香川 / 가가와
愛媛 / 에히메　　高知 / 고치

福岡 / 후쿠오카　　佐賀 / 사가
長崎 / 나가사키　　熊本 / 구마모토
大分 / 오이타　　宮崎 / 미야자키
鹿児島 / 가고시마　　沖縄 / 오키나와

第2章　韓国語の単語たち（語彙編）

韓国語をマスターするために、たくさんの単語を覚えることはとても重要です。ここでは基本の単語を紹介しますので、覚えてみましょう。これらを覚えるだけでも、韓国語を使う楽しさを感じられるはずです。

単語を覚えるのは、外国語学習の中でも退屈で大変な作業です。ただがむしゃらに記憶しようとしても、単語はなかなか定着しません。いくつかのコツとしては、

①発音しながら書き写し、音も一緒に記憶する。
②覚えられた単語と忘れてしまった単語をこまめにチェックする。忘れるのは自然なことなのであまり落ち込まない。
③意味だけではなく、映像のイメージと一緒に覚える（そのため、この章では全ての単語にイラストをつけてあります！）。

などがあります。

あいさつ・会話 🔈6

7

◁)) 8

미안해요.
ごめんなさい
괜찮아요.
大丈夫です
또 만나요.
また会いましょう
안녕히 가세요.
さようなら
안녕히 계세요.
さようなら
送る人
去る人
注：「送る人」と「去る人」で「さようなら」の表現が違います。

9

動作 🔈10

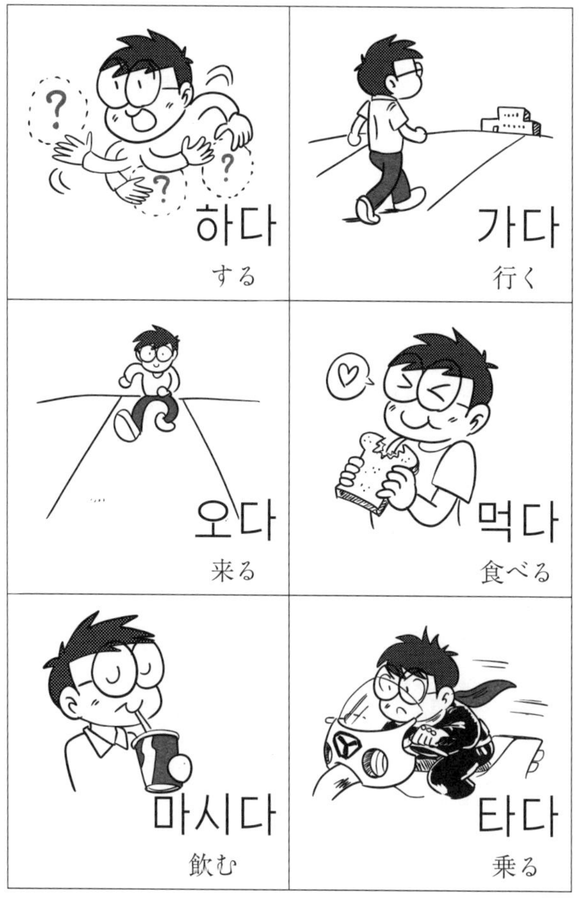
하다
する
가다
行く
오다
来る
먹다
食べる
마시다
飲む
타다
乗る

◁ 11

🔈12

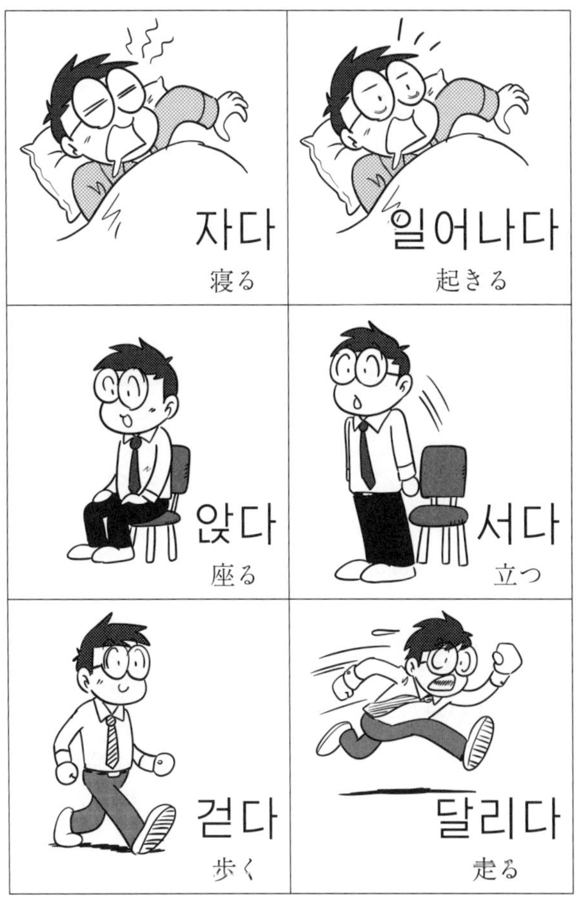
자다
寝る
일어나다
起きる
앉다
座る
서다
立つ
걷다
歩く
달리다
走る

◁) 13

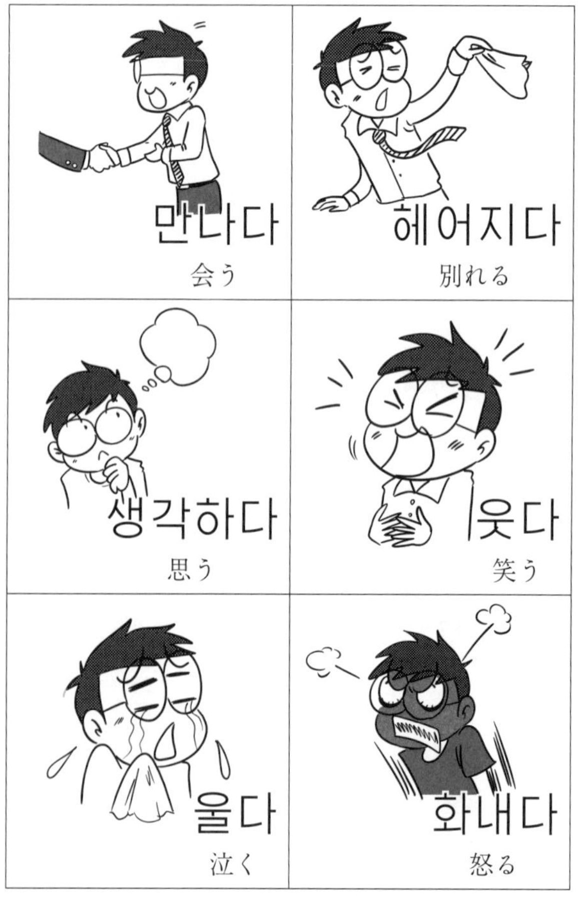

만나다
会う
헤어지다
別れる
생각하다
思う
웃다
笑う
울다
泣く
화내다
怒る

🔊 14

形容詞 🔈15

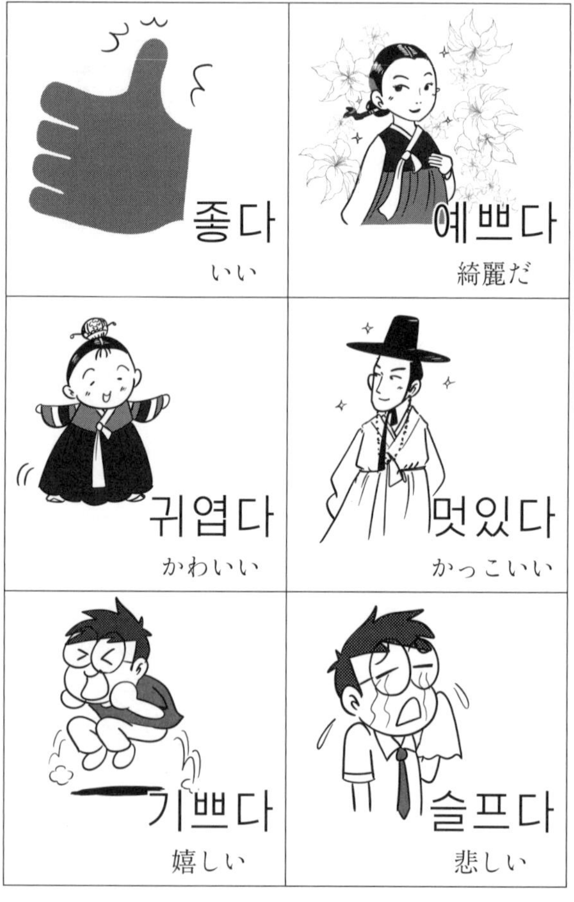
좋다
いい
예쁘다
綺麗だ
귀엽다
かわいい
멋있다
かっこいい
기쁘다
嬉しい
슬프다
悲しい

16

?
$\frac{\Gamma(\frac{7}{2})}{\sqrt{\pi}} \times \frac{2^3}{3}$
어렵다
難しい
1+1=2
쉽다
簡単だ
행복하다
幸せだ
편하다
楽だ
불편하다
不便だ・居心地が悪い
힘들다
大変だ

17

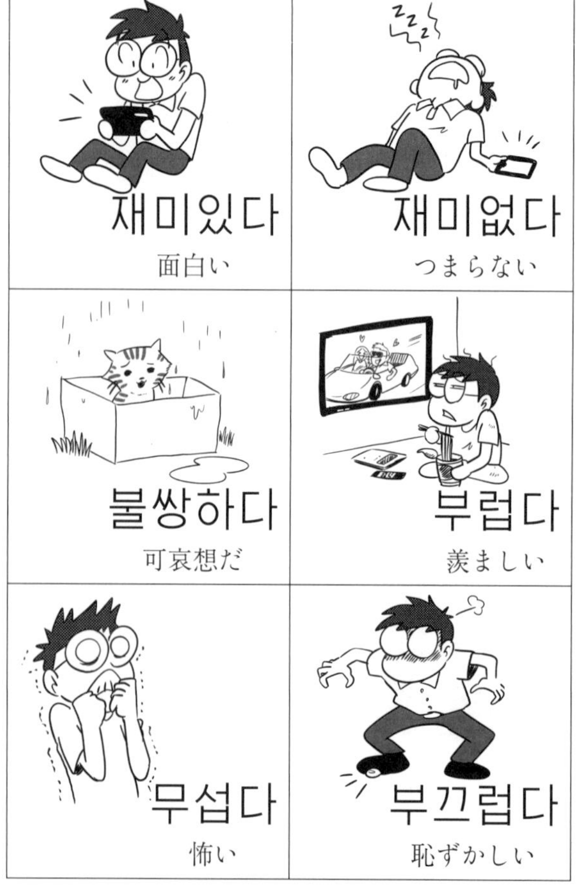

재미있다
面白い
재미없다
つまらない
불쌍하다
可哀想だ
부럽다
羨ましい
무섭다
怖い
부끄럽다
恥ずかしい

18

19

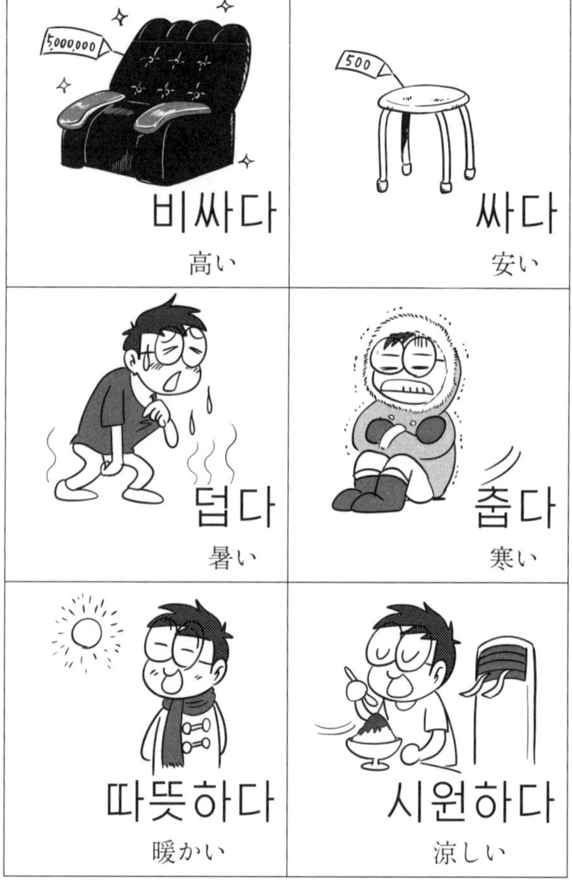

5,000,000
500
비싸다
高い
싸다
安い
덥다
暑い
춥다
寒い
따뜻하다
暖かい
시원하다
涼しい

◁» 20

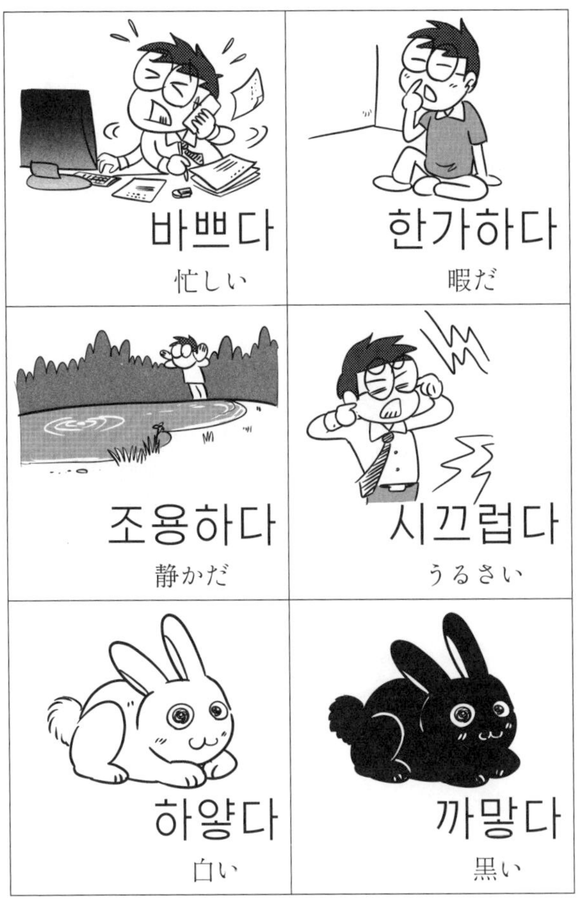
바쁘다
忙しい
한가하다
暇だ
조용하다
静かだ
시끄럽다
うるさい
하얗다
白い
까맣다
黒い

食べ物・飲み物 21

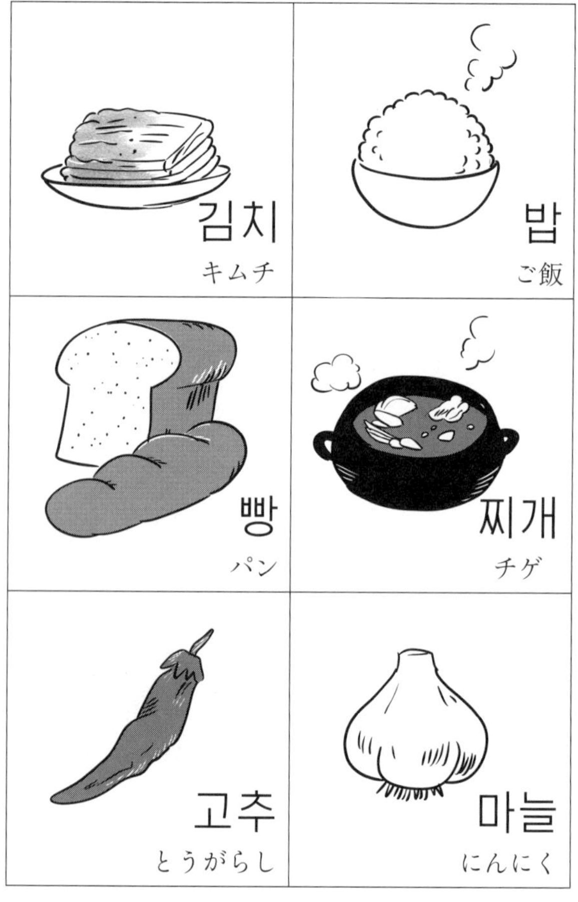
김치
キムチ
밥
ご飯
빵
パン
찌개
チゲ
고추
とうがらし
마늘
にんにく

22

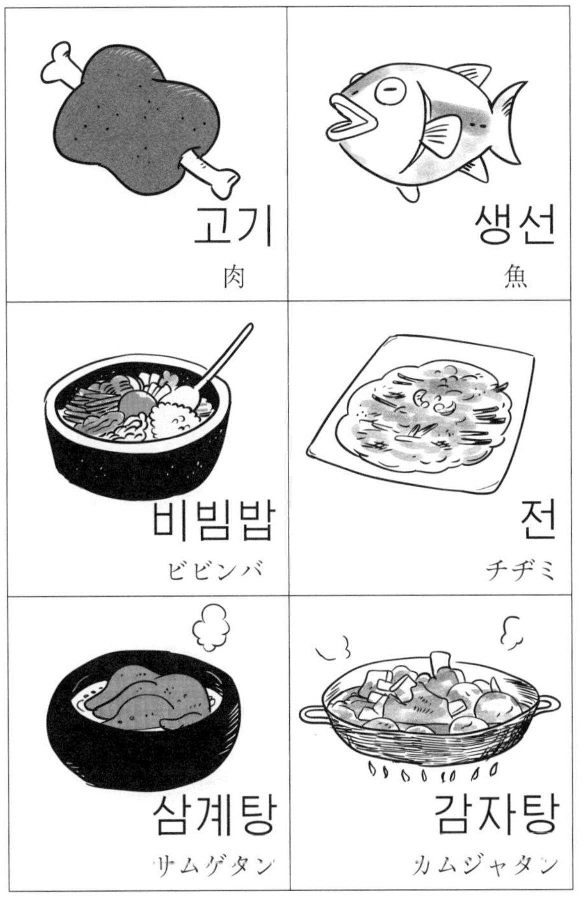
고기
肉
생선
魚
비빔밥
ビビンバ
전
チヂミ
삼계탕
サムゲタン
감자탕
カムジャタン

🔈23

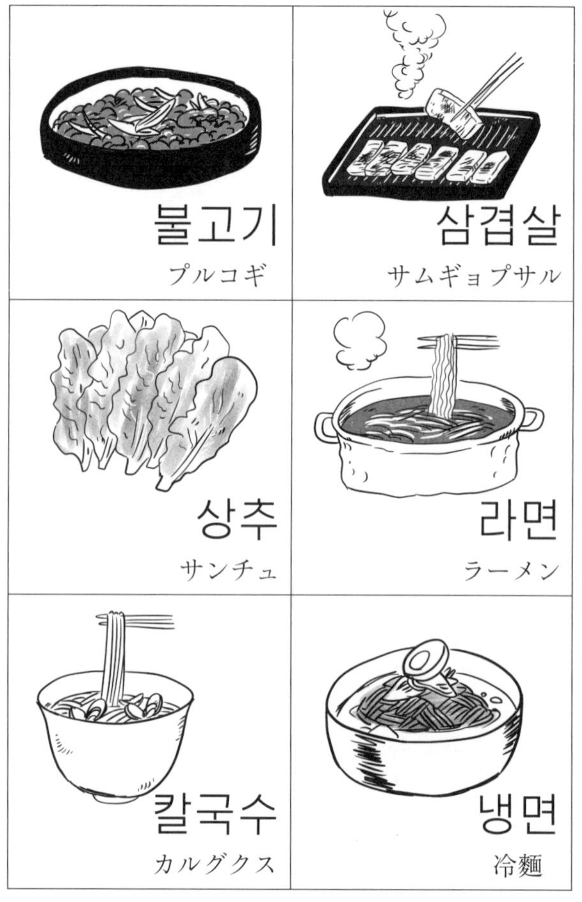
불고기
プルコギ
삼겹살
サムギョプサル
상추
サンチュ
라면
ラーメン
칼국수
カルグクス
냉면
冷麺

◁) 24

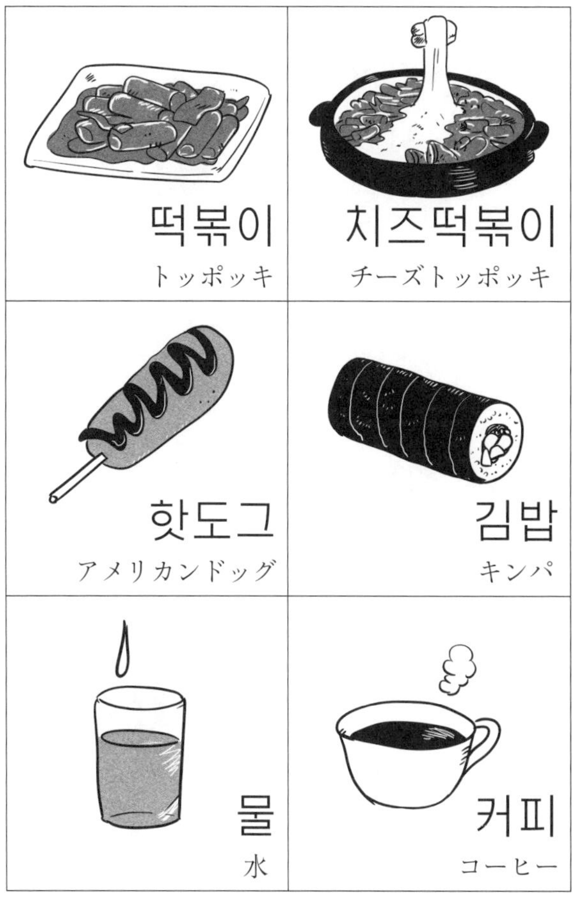
떡볶이
トッポッキ
치즈떡볶이
チーズトッポッキ
핫도그
アメリカンドッグ
김밥
キンパ
물
水
커피
コーヒー

25

우유
牛乳
버블티
タピオカミルクティー
콜라
コーラ
오렌지주스
オレンジジュース
사이다
サイダー
음료수
飲料水・ソフトドリンク

🔈26

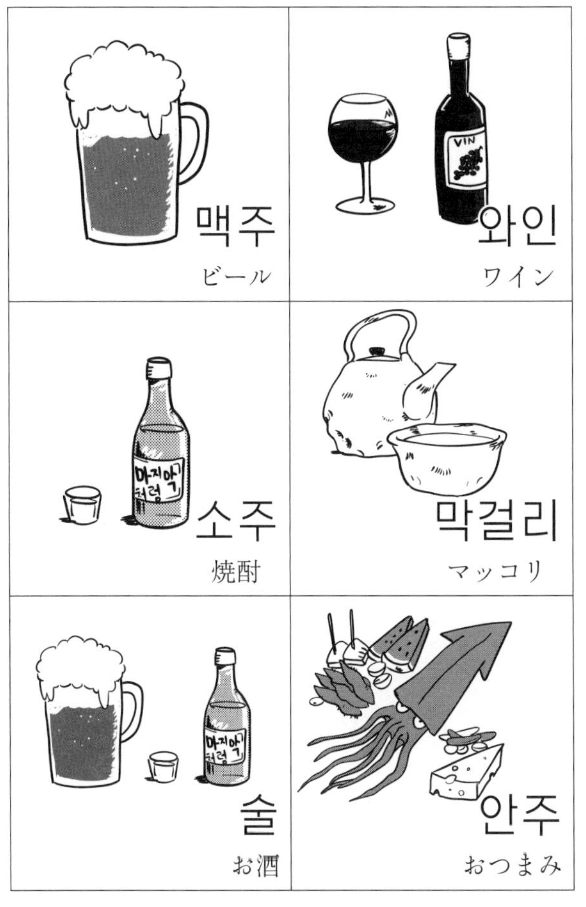
맥주
ビール
와인
ワイン
VIN
소주
焼酎
막걸리
マッコリ
술
お酒
안주
おつまみ

27

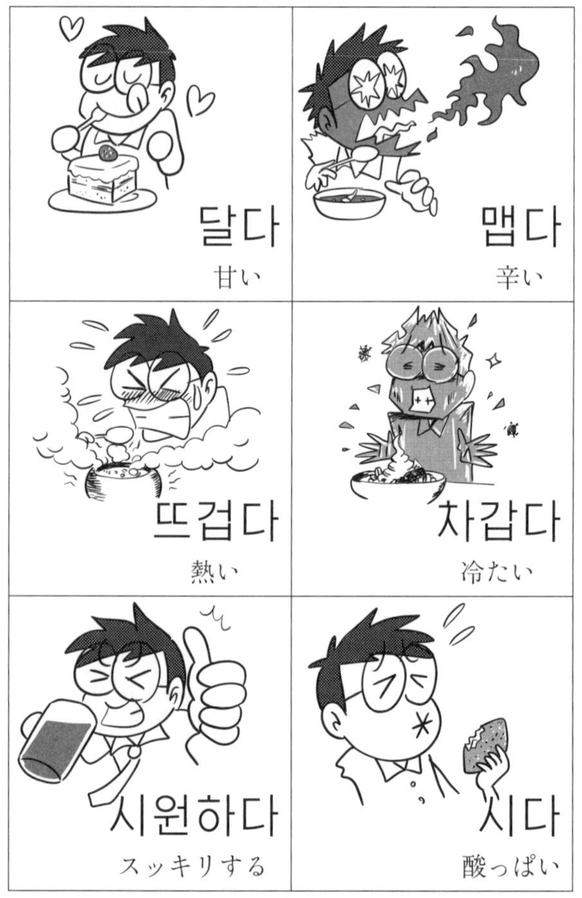
달다
甘い
맵다
辛い
뜨겁다
熱い
차갑다
冷たい
시원하다
スッキリする
시다
酸っぱい

身の回りのもの 🔈28

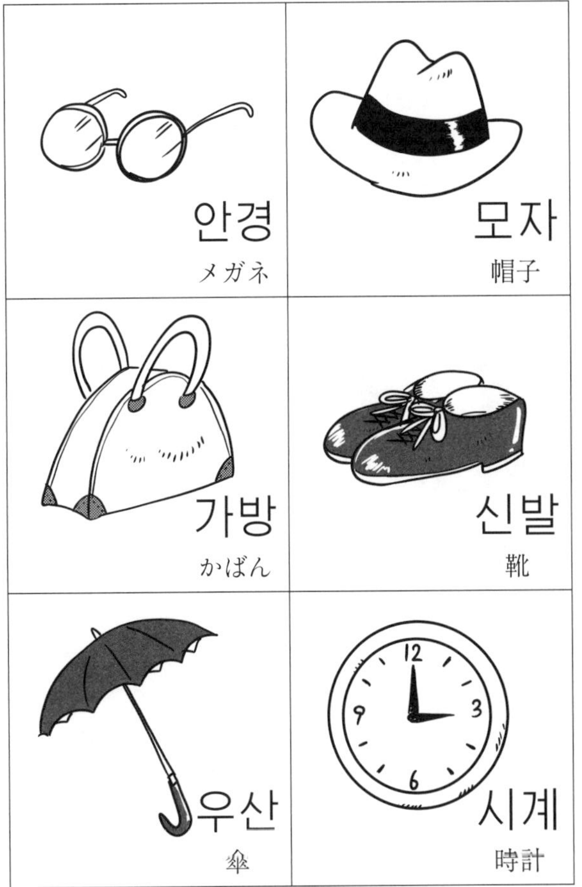

안경
メガネ
모자
帽子
가방
かばん
신발
靴
우산
傘
시계
時計

29

10000
KANKOKU BANK
1234 5678 9012 3456
12/25
VIS
YUKI
(주)한국어
112-3345
지갑
財布
신용카드
クレジットカード
핸드폰
携帯電話
화장품
化粧品
휴지
ティッシュ
담배
タバコ

🔈30

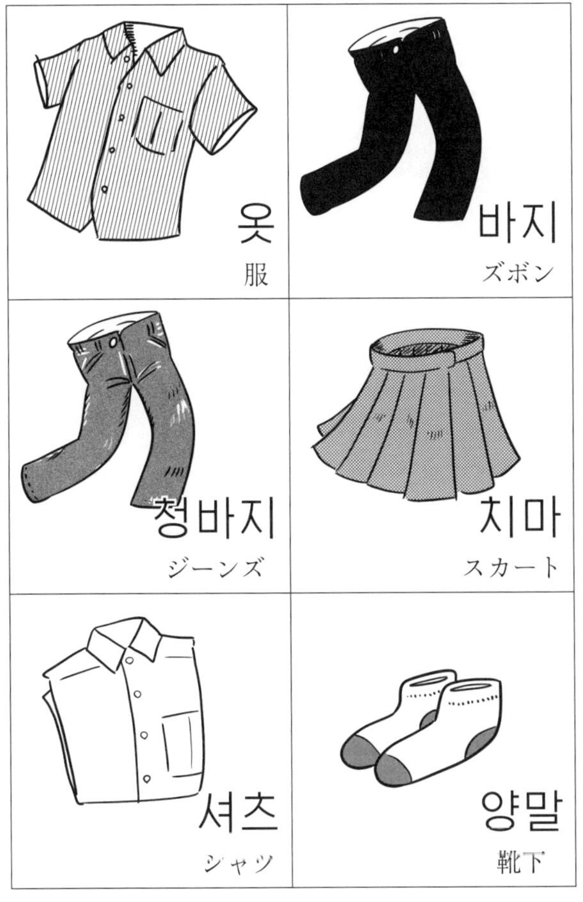

옷
服
바지
ズボン
청바지
ジーンズ
치마
スカート
셔츠
シャツ
양말
靴下

31

지하철
地下鉄
TAXI
택시
タクシー
510
버스
バス
BUS
버스 정류장
バス停
비행기
飛行機
AIR PORT
공항
空港

32

33

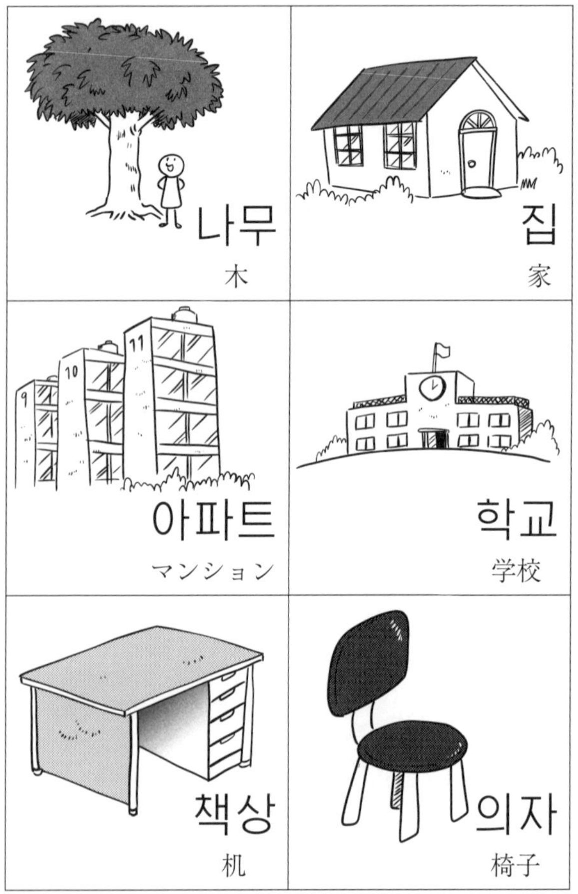

나무
木
집
家
아파트
マンション
학교
学校
책상
机
의자
椅子

34

한국어
회사
会社
김밥 2500
떡볶이
라면 3000
비빔밥
식당
食堂
ABC COFFEE
카페
カフェ
영화관
映画館
병원
病院
나을약국
약
약국
薬局

35

人 36

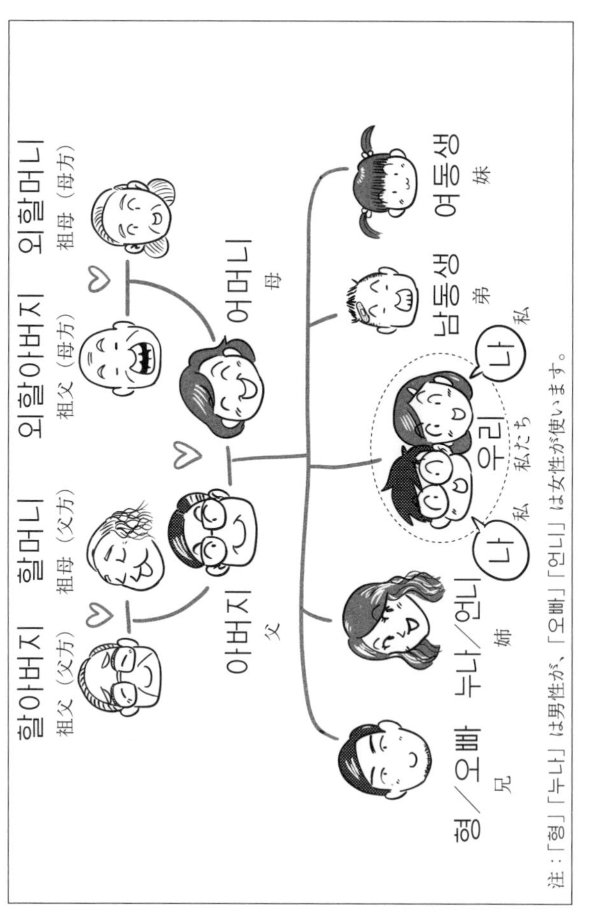

할아버지
祖父（父方）
할머니
祖母（父方）
외할아버지
祖父（母方）
외할머니
祖母（母方）
아버지
父
어머니
母
형／오빠
兄
누나／언니
姉
나
私
우리
私たち
나
私
남동생
弟
여동생
妹
注：「형」「누나」は男性が、「오빠」「언니」は女性が使います。

🔈37

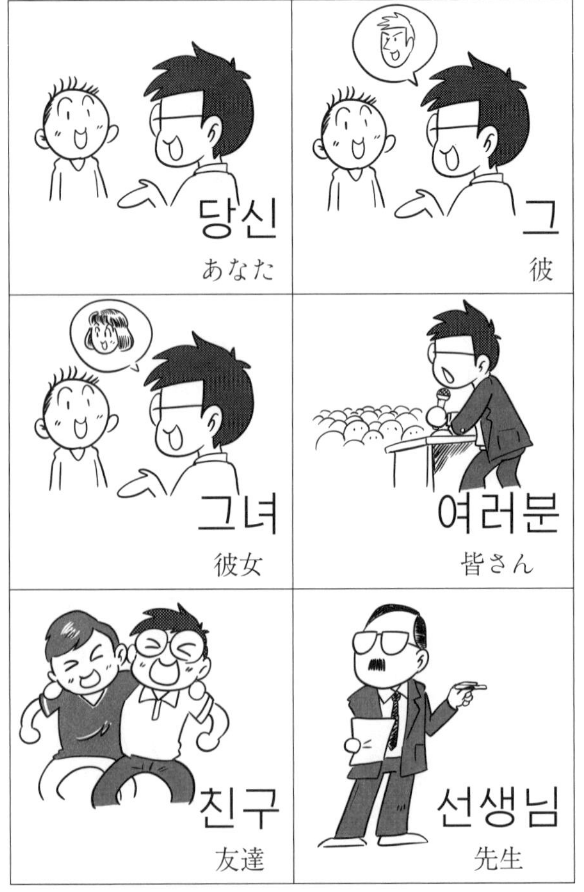

당신
あなた
그
彼
그녀
彼女
여러분
皆さん
친구
友達
선생님
先生

🔈38

コラム 漢字語って超便利！

日本語ネイティブにとって韓国語の語彙を飛躍的に伸ばす方法、それは漢字の知識を活用することです。韓国も日本と同様に歴史の中で中国の影響を受け続けたため、多くの漢字語が使われています。たとえば「안녕하세요?」の「안녕」は「安寧」、「감사합니다」の「감사」は「感謝」という漢字語です。現在はほぼハングルのみで書くために固有語と区別しにくくなっていますが、漢字語は韓国語の語彙全体の半数以上を占めます。

日本語は一つの漢字に音読みと訓読みがあり、さらに音読みも訓読みも一つとは限りません。「生」という字は「生活」「生涯」「生まれる」「生きる」「生野菜」でそれぞれ異なった読み方となります。しかし、韓国語の場合わずかな例外を除けば、一つの漢字は一つの音しか持っていません。さきほどの「生」はどんな場合でも「생」です。そのため「生活」は「생활」、「生涯」は「생애」と同じ音で読まれます。「防弾少年団」「東方神起」の韓国語読みが「방탄소년단」「동방신기」であることを知ってる人も多いと思いますが、その知識を利用すれば「予防（예방）」「方法（방법）」「起床（기상）」などの単語の一部をあらかじめ予想することができるわけです。これは日本語ネイティブならではの利点です。使わない手はありません！ しかも、日本語の漢字の音読みと、韓国語の漢字音の間にはある程度の関連性があり、それを知ることでより効率的に韓国語の単語をマスターすることができます。代表的なものをご紹介します。

日本語の漢字音	韓国語の漢字音	例
「ん」で終わる	「ㄴ」パッチムになることが多い	新(신)、山(산)、半(반)、珍(진)、然(연)
長音で終わる	「ㅇ」パッチムになることが多い	動(동)、量(양)、商(상)、中(중)、工(공)
「く」で終わる	「ㄱ」パッチムになる	作(작)、宅(댁)、楽(낙)、極(극)、悪(악)
「ち」「つ」で終わる	「ㄹ」パッチムになる	一(일)、七(칠)、八(팔)、日(일)、発(발)
「-ai」の音で終わる	「ㅔ」「ㅐ」になることが多い(たまに「ㅚ」)	再(재)、来(내)、財(재)、体(체)、大(대)、外(외)

第3章　こんなに日本語に似てていいの？（文法編）

日本語と韓国語は語順が同じ？　39

高校生の皆さんは、学校で英語を習っていますよね？ では、突然ですがここで問題です。「私は韓国語を勉強します」を英語で言うとどうなるでしょうか？ こんな簡単なことを聞いて人を馬鹿（ばか）にしているのかと怒らないように。“I study Korean.”ですね。単に“Korean”だけだと「韓国人」という意味にもなりますから、“Korean language”と言ってもいいかもしれません。では、「私は友達と韓国語を勉強します」はどうなりますか？ そう、“I study Korean with my friend.”です。じゃあ、「私と韓国語を勉強する友達を探しています」だと？ さて、ちょっと難しくなってきました。えっと人を表す関係代名詞だから“who”を使って、それが友達の内容を説明しているのだから“friend”の後にきて……ああっ、もうややこしい！ 日本語と英語は文を組み立てる語順がそもそもまったく異なるため、これが原因で「英語嫌い」

になってしまう（すでになってしまった？）人も多いのではないでしょうか？

さて、ではこれを韓国語でやってみましょう。下の文を見てください。

私・は・韓国語・を・勉強・します
저 / 는 / 한국어 / 를 / 공부 / 합니다

「私」は「저」、「〜は」は「는」、「韓国語」は「한국어」、「〜を」は「를」、「勉強」は「공부」、「します」は「합니다」にそれぞれ対応しています。

つまり、「私・は・韓国語・を・勉強・します」にあたる単語を韓国語に置き換えるだけで、「私は韓国語を勉強します」と言えてしまうのです。一方、英語はどうでしょうか。

I/ study/ Korean
私（は）・勉強する・韓国語（を）

このように、「勉強する」と「韓国語（を）」の順番が日本語とは逆になっています。このような言語を「SVO 言語」と言います。S は主語、V は動詞、O は目的語を表します。それに対し、日本語は動詞が後にくるスタイルの「SOV言語」です。そして、何を隠そう韓国語も「SOV言語」なのです。この日本語と韓国語の共通点は、文が複雑になればなるほど際立ってきます。下の文を見てください。

私・は・友達・と・韓国語・を・勉強・します
저 / 는 / 친구 / 와 / 한국어 / 를 / 공부 / 합니다

私・と・韓国語・を・勉強・する・友達・を・探して・います
저 / 와 / 한국어 / 를 / 공부 / 할 / 친구 / 를 / 찾고 / 있습니다

英語の語順に頭を悩まされてきた人は「外国語なのにこんなに日本語と一緒でいいの？」と驚くかもしれません。でも、韓国語はこんなに一緒でいいんです！

素晴らしき助詞の世界　🔈40

さてさきほど、「私」は「저」、「〜は」は「는」、「韓国語」は「한국어」、「〜を」は「를」、「勉強」は

「공부」、「します」は「합니다」にそれぞれ対応していると言いました。では、「韓国語は」「勉強を」と言いたい場合はどうすればいいでしょうか？ まず、「韓国語は」の場合ですが、「韓国語」は「한국어」、「～は」は「는」なのですから……そう「한국어는」ですね。では「勉強を」は？「勉強」は「공부」、「～を」は「를」なので……そう「공부를」です。ええっ、そんなに単純にできちゃっていいの？ いいんです！ それでいいんです！

ここでの「～は」や「～を」などの単語は「助詞」と呼ばれます。助詞の役割は簡単に言うと、それがくっつく単語が文全体の中でどのような役割をするのかを明らかにすることです。たとえば「～は」がつく単語はそれが文の中心（主語）であることを表し、「～も」の場合はそれがつく単語は何か他の単語と共通点があることを表します。

この助詞の存在こそ、日本語と韓国語の奇跡的な共通点であり、日本人学習者が韓国語を学ぶ上で、他の言語の話者よりずっと有利なポイントなのです（もちろん、それは韓国人学習者が日本語を学ぶ上でも同じです）。

ここで韓国語の主な助詞を並べてみました。

<table>
<tr><th></th><th>〜は</th><th>〜が</th><th>〜を</th><th>〜も</th><th>〜と</th></tr>
<tr><td>パッチムなし</td><td>는</td><td>가</td><td>를</td><td rowspan="2">도</td><td>와</td></tr>
<tr><td>パッチムあり</td><td>은</td><td>이</td><td>을</td><td>과</td></tr>
</table>

<table>
<tr><th></th><th>〜の</th><th>〜に</th><th>〜で</th><th>〜まで</th><th>〜より</th></tr>
<tr><td>パッチムなし</td><td rowspan="2">의</td><td rowspan="2">에</td><td rowspan="2">에서</td><td rowspan="2">까지</td><td rowspan="2">보다</td></tr>
<tr><td>パッチムあり</td></tr>
</table>

この表を見ると「パッチムなし」と「パッチムあり」に分かれているのがわかりますか？ 韓国語はパッチムがあるかないかを非常に気にする言語です。ある単語に助詞をつけるとき、その単語がパッチムを持っているかいないかで助詞の形が変わってしまうものがいくつかあります。中でも日本語の「〜が」にあたる助詞は、パッチムがないときは「가（音まで日本語にそっくり！）」ですが、パッチムがあるときは「이」になります。つまり「한국어（韓国語）」を「韓国語が」にする場合は「한국어가」、「韓国が」にする場合は「한국이」になるという具合です。

【練習問題】 🔈41

「일본（日本）」「김치（キムチ）」「서울（ソウル）」「엄마（おかあさん）」の単語を使って、次の言葉を作れるかどうか練習してみましょう。

1. 日本が　A. 일본이
2. 日本の　A. 일본의
3. 日本まで　A. 일본까지
4. キムチは　A. 김치는
5. キムチも　A. 김치도
6. キムチより　A. 김치보다
7. ソウルは　A. 서울은
8. ソウルで　A. 서울에서
9. ソウルまで　A. 서울까지
10. おかあさんを　A. 엄마를
11. おかあさんと　A. 엄마와
12. おかあさんより　A. 엄마보다

いかがですか？ 拍子抜けするほど簡単じゃありませんか？ どんどんいろんな言葉にくっつけて文を作ってみたくなってきたのではないでしょうか。

さて、英語にはこのような助詞という概念がありません。ではどうやって「韓国語は」と「韓国語を」を区別するのでしょうか。ここで大きな役割をするのがズバリ「語順」です。つまり、“Korean”という単語が文の頭にくるのか、それとも後ろの方にくるのかによって「韓国語は」になったり「韓国語を」になったりするのです。そのため英語は語順に非常にうるさい言語です。なにしろ語順を間違えたら意味がまるで変わってしまうのですから。

その点、助詞が存在する日本語や韓国語は語順に関してはかなり無頓着(むとんちゃく)です。次の文を見てください。

1. 私は　友達と　渋谷で　映画を　見ました
2. 私は　渋谷で　友達と　映画を　見ました
3. 私は　映画を　友達と　渋谷で　見ました
4. 渋谷で　私は　映画を　友達と　見ました

語順を入れ替えても、頭に浮かんでくるイメージは一つですよね。それぞれの単語にくっつく助詞が同じである限り、語順は意味に大きな影響を与えないのです。しかし助詞を変えて、

1. 私は　友達と　映画で　渋谷を　見ました

と言ったらどうでしょう。何か渋谷の風景が映し出される映画を見たんだろうなあという意味になってしまいますよね。これは韓国語でもまったく同じです。

1. 저는 친구와 시부야에서 영화를 봤습니다
（私は　友達と　渋谷で　映画を　見ました）
2. 저는 시부야에서 친구와 영화를 봤습니다
（私は　渋谷で　友達と　映画を　見ました）
3. 저는 영화를 친구와 시부야에서 봤습니다
（私は　映画を　友達と　渋谷で　見ました）
4. 시부야에서 저는 영화를 친구와 봤습니다
（渋谷で　私は　映画を　友達と　見ました）

使い方にある程度の傾向というものは存在するのですが、上の文はどれも同じ内容です。

【練習問題】 42

「친구（友達）」「선생님（先生）」「봅니다（見ます）」と90ページの助詞の表を使って次の文を作ってみましょう。

1. 友達が先生を見ます

2. 先生も友達を見ます
3. 友達と先生が見ます

A1. 친구가 선생님을 봅니다.
A2. 선생님도 친구를 봅니다.
A3. 친구와 선생님이 봅니다.

動詞の基本的な変化　🔈43

さて、ではここからは動詞の話に移っていきます。どんな言語でも動詞が出てくるとハードルがグッと上がってしまう傾向があるのですが、その原因は動詞が状況によって「変化」することにあります。たとえば英語の「go」という動詞の場合、それだけを覚えればOKというわけではなく、「彼が行く」のときは「goes」、「行った」と過去形で言いたいときは「went」のように、状況によって様々な姿に変化をします。

私たちが普段使っている日本語も「飲む」という動詞を使いこなすためには、「飲まない」「飲みます」「飲めば」「飲もう」のような活用を一緒にマスターする必要があります。

この辺は韓国語も例外ではなく、動詞の話になるとどうしても急に難しく感じられてしまうのですが、ここからはできるだけわかりやすく、できるだけシンプルに韓国語の動詞を使いこなすためのコツを説明しましょう。

ちなみに、どんな言語であれ動詞の活用には原則的な活用システムでは説明のつかないさまざまな例外が存在します。残念ながら韓国語もそうなのですが、それは本格的にみなさんが韓国語を学び始めてから少しずつ出会っていけばよいと思いますので、ここではあくまでも基本的なパターンに限定してお話をします。

ということで、次の４つの動詞を使って変化していく姿を観察したいと思います。

가다（行く）
마시다（飲む）
받다（もらう）
먹다（食べる）

４つの動詞に共通していることがあるのですが、気づきましたか？　そう。すべて終わりが「-다」になっていますね。韓国語の動詞（や形容詞）はすべて基

本の形が「-다」で終わるという特徴があります。この「-다」を取った形にすることが、動詞を活用するための第一歩となります。つまり、

가
마시
받
먹

となるわけですが、こうして残った部分を「語幹」と言います。では、この語幹に「-고」という言葉をつけてみましょう。すると「飲む→飲んで」のように「〜して」という意味になります。

가고（行って）
마시고（飲んで）
받고（もらって）
먹고（食べて）

次に「-지 않아요」という言葉をつけてみます。これで丁寧な否定形ができます。

가지 않아요（行きません）
마시지 않아요（飲みません）
받지 않아요（もらいません）
먹지 않아요（食べません）

さらに「～자」をつけると、これは「～しよう」と相手を親しげに誘う言葉になります。

가자（行こう）
마시자（飲もう）
받자（もらおう）
먹자（食べよう）

このように、韓国語は「語幹」にさまざまな「語尾」がくっつくことで、動詞の意味が変化する特徴があります。

【練習問題】 🔈44

次の動詞を活用し、以下の言葉を作ってみましょう。

「사다（買う）」「기다리다（待つ）」「닫다（閉める）」「읽다（読む）」

買おう	A. 사자
待ちません	A. 기다리지 않아요
閉めて	A. 닫고
読もう	A. 읽자

パッチムがあるかないか　45

さきほど紹介した動詞活用は、語幹がどのような形であっても同じような語尾がつくもの、言うなれば学習者にとっては最も簡単なものでした。でも、韓国語には語幹が持つ特徴によって、くっつく語尾の形が微妙に異なるものも少なくありません。ここからはそのような例を紹介します。

まずポイントとなるのが「語幹にパッチムがあるかどうか」です。さきほどの４つの動詞の語幹をもう一度見てみましょう。

가　　パッチムなし
마시　パッチムなし
받　　パッチムあり
먹　　パッチムあり

上の２つはパッチムなし、下の２つはパッチムありですね。たとえば「〜すれば」という仮定形にしたい場合、「-면」という語尾をつければいいのですが、パッチムの有無によってこのような差が生まれます。

가면（行けば）
마시면（飲めば）
받으면（もらえば）
먹으면（食べれば）

わかるでしょうか？ 語幹にパッチムがない動詞の場合は、単純に「-면」をつければよいのですが、語幹にパッチムがある動詞の場合はその前に「으」という母音を挿入して、「-으면」となります。

同じような例としては「〜してください」があります。パッチムがない場合は「-세요」、パッチムがある場合は「-으세요」となります。

가세요（行ってください）
마시세요（飲んでください）
받으세요（もらってください）

먹으세요（食べてください）

実は「飲んでください」「食べてください」は、「드세요」という特別な形で使われることが一般的なのですが、ここはあくまでも動詞の変化の基本システムを説明するための項なのであえてこのままにします。

韓国語で動詞を丁寧に言う方法は、ソフトなものとやや堅苦しいものの2タイプがあるのですが、そのうち堅苦しいものは次のようになります。パッチムの有無によってどのような違いがあるか観察してみてください。

갑니다（行きます）
마십니다（飲みます）
받습니다（もらいます）
먹습니다（食べます）

わかりましたか？ パッチムがない場合は語幹の下に「ㅂパッチム」がついてさらに「-니다」、パッチムがある場合は語幹の後が「습니다」となりますよね。

【練習問題】 46

次の動詞を活用し、以下の言葉を作ってみましょう。
「사다（買う）」「기다리다（待つ）」「닫다（閉める）」「읽다（読む）」

買います　A. 삽니다
待ってください　A. 기다리세요
閉めれば　A. 닫으면
読みます　A. 읽습니다

陽母音と陰母音

韓国の国旗である太極旗（たいきょくき）を見ると、真ん中の円が赤い部分と青い部分に分かれていますよね。この模様は「陰陽五行説（いんようごぎょうせつ）」という東洋哲学の思想に由来するのですが、それは簡単に言うと世の中に存在するあらゆるものは「陽のパワー」と「陰のパワー」を持つもので出来ており、その二つが調和を保つことで世界が成り立っているという考え方です。この陰陽五行説は古くから韓国人の世界観に強く影響を与えてきました。

言葉も例外ではありません。韓国人は世の中の母音

にも陽と陰があると考えました。下を見てください。

陽母音：ㅏㅗ
陰母音：それ以外の母音

そして、韓国語の動詞活用の中には、その動詞が陽なのか陰なのかによって活用のスタイルが変わるものがあるのです。では、ある動詞が陽なのか陰なのかはどのように判断されるのでしょうか？ ここでもやはり例の４つの動詞を例に考えてみましょう。

가다（行く）
마시다（飲む）
받다（もらう）
먹다（食べる）

まず、ここから語尾の「-다」を取った形、すなわち「語幹」の形にします。そうすると……

가
마시
받
먹

が残ります。この語幹の最後の母音に注目です。

가＝ㅏ
마시＝ㅣ
받＝ㅏ
먹＝ㅓ

さて、さきほど「陽母音：ㅏㅗ」「陰母音：それ以外」と言いましたよね？ それに従ってこの母音を分類すると……

가＝ㅏ＝陽母音○
마시＝ㅣ＝陰母音●
받＝ㅏ＝陽母音○

먹＝ㅓ＝陰母音●

ということになります。これがそれぞれの動詞が陽と陰どちらの性質を持つのかを分類する方法です。

【練習問題】 47

次の母音を陽母音と陰母音に分けてみましょう。

사다（買う） A. 陽母音○

기다리다（待つ） A. 陰母音●

닫다（閉める） A. 陽母音○

읽다（読む） A. 陰母音●

陽母音・陰母音の活用 48

さきほど、韓国語で動詞の丁寧形にはソフトなものとやや堅苦しいものの二つがあると言いましたよね？ そのソフトな方の言い方が「-요体」です。韓国語を習ったことがなくても「サランヘヨ」「マシッソヨ」などの言葉はきっと聞いたことがあると思いますが、このように「〜ヨ」に聞こえる音で終わる言葉がまさに「-요体」なのです。

「-요体」は日常生活で最もよく使われる動詞活用なのですが、その作り方は今まで見てきたものに比べるとちょっと複雑です。

どういうことかというと、陽母音の動詞の場合は「아요」が、陰母音の動詞の場合は「어요」がつくのです。

가다→가→가아요（陽母音）
마시다→마시→마시어요（陰母音）

そしてパッチムがない場合は母音が二つ並ぶことになるので、そこから音の簡略化が起こります。これがちょっと厄介なのですが、簡単に言うと「二つの母音が合体して、言いやすい母音に単純化される」と思ってください。上の例の場合はちょうどこんな感じです。

가아요→가요（行きます）
마시어요→마셔요（飲みます）

パッチムがある場合は、陽母音の動詞の場合は「아요」が、陰母音の動詞の場合は「어요」が、それぞれ語幹にくっつきます。

받다→받→받아요（もらいます）
먹다→먹→먹어요（食べます）

【練習問題】 🔈49
次の動詞を「-요体」にしてみましょう。

사다 A. 사요（買います）
기다리다 A. 기다려요（待ちます）
닫다 A. 닫아요（閉めます）
읽다 A. 읽어요（読みます）

さて、このように陽母音か陰母音かによって区別するタイプの動詞の活用は、本当に様々なところで使われます。たとえば「食べた（먹었다）」のように過去形で言いたい場合は「-았/었다」ですし、「食べてしまう（먹어 버리다）」は「-아/어 버리다」、「食べてみる（먹어 보다）」は「-아/어 보다」となります。

【練習問題】 🔈50
動詞を活用して次の言葉を作ってみましょう。

買ってしまう A. 사 버리다

待った　A. 기다렸다
閉めてしまう　A. 닫아 버리다
読んでみる　A. 읽어 보다

いかがですか？　ここまで学んだ動詞の活用をまとめてみると、ざっと次のような感じになります。

	가다 （行く）	받다 （もらう）	마시다 （飲む）	먹다 （食べる）
パッチム	×	○	×	○
	陽母音		陰母音	
語幹にそのままつければいいタイプ				
~고（~て）	가고	받고	마시고	먹고
パッチムの有無が関係するタイプ				
~（으）면 （~れば）	가면	받으면	마시면	먹으면
陽母音か陰母音かが関係するタイプ				
~아/어요 （~ます）	가아요→ 가요	받아요	마시어요→ 마셔요	먹어요

もちろんこれで韓国語のすべての動詞の活用を説明できるわけではありません。どの言語でもそうですが、韓国語にも例外的な活用をする動詞が（残念なが

ら）あります。ただ、ほとんどの動詞は原則どおりに活用されます。英語などに比べると韓国語は動詞の活用に関しては例外は非常に少ない言語でもあるのです。ということで、まずはざっくりと原則を理解して、数少ない例外に関しては韓国語を本格的に学びはじめてからゆっくり向き合ってみてください！

コラム 韓国語の中の日本語

「チンチャそれな！」という言葉を聞いたことがありますか？ 韓国語の「진짜（本当に）」と日本語の「それな」がミックスされたこの言葉は、お笑いコンビ・スクールゾーンの橋本稜（りょう）さんが2019年後半にSNSで発信した「韓流好き女子あるあるネタ」の中で登場し、日本テレビの情報エンターテインメント番組「ZIP!」で「10代が予想する今年の流行語大賞」にもノミネートされました。20年前から韓国語に向き合っている私としては、韓国語が若い層の間に浸透している事実に感無量だったわけですが、韓国語の中には日本語から取り入れられた言葉が多くあります。

たとえばサツマイモを韓国語で「고구마」と言うのですが、これは江戸時代に朝鮮にサツマイモが伝わる過程で、当時朝鮮との窓口だった対馬（つしま）藩の方言「孝行芋（こうこいも）」がなまって伝わったことがわかっています。また、日本が朝鮮半島を支配していた時代には数多くの日本語の単語が伝わり、それらの一部は今でも主に高齢者を中心に使用されています。代表的な例としては

「쓰메끼리（爪切り）」「다마네기（タマネギ）」「시마이（おしまい）」などがあります。

また最近ではインターネットの普及に伴って、日本のネット用語や流行語がそのまま韓国の若者層に受け入れられるケースも増えています。「츤데레（ツンデレ）」「오타쿠（オタク。오덕후とも言う）」「히키코모리（引きこもり）」などは日本語がそのまま使われていますし、「초식남」「흑역사」などはそれぞれ「草食男」「黒歴史」を韓国語の漢字音で読んで直訳したものです。

これらは「한본어（韓本語）」と呼ばれています。中には「초멘（初リプライ）」と日本語の「ごめんなさい」をミックスした「초멘나사이（初リプライ失礼します）」などという高度な韓本語も登場しています。今後さらにどのような言語交流が行われるのか引き続き注目していきたいと思います。

第4章　語尾を制するものは韓国語を制す！

日本語と韓国語は最後が肝心　51

よく「日本語は最後まで聞かないと何が言いたいのかわからない」と言われます。たとえば、動画を見ているときに、そこに出ている人が「私はご飯を食べ…」とまで言ったところで動画がピタリと停止してしまったら、「食べ…ます」とこれからの話をしたいのか、それとも「食べ…た」と過去の話をしたいのかわかりませんよね。他にもざっと思いつくだけで、「食べ…」に続く言葉として次のようなものが挙げられます。

食べ…ない（否定）
食べ…たい（欲求）
食べ…れば（仮定）
食べ…て（接続）
食べ…よう（勧誘）
食べ…ろ（命令）
食べ…るな（禁止）

食べ…られる（可能）
食べ…させる（使役）
食べ…る時間（連体形）

このように日本語はどのような語尾がくるかによって、その人が伝えたいと思っていることが決定づけられるという特徴があります。一方英語の場合は“eat”の前に“don't”とか“can”とか“let's”とかをつけて発言の方向づけを前もってする傾向があります。つまり、最初の部分だけを聞いて「これから何かを禁止したいんだな」とか「何かできるという話をしたいんだな」という核心部分をあらかじめ知ることができるのです。でも、日本語は語尾にそのような情報が託されるので「最後まで聞かないと何が言いたいのかわからない」となるわけです。

さて、このような点においては、韓国語も日本語と同じような特徴を持っています。たとえば、「食べる」の韓国語は「먹다」ですが、前半の「먹」の部分にどんな語尾がくるのかによって意味が決定されます。上に書いた日本語の例に対応させるとこんな感じです。

먹 ... 지 않다（否定）

먹 ... 고 싶다（欲求）
먹 ... 으면（仮定）
먹 ... 고（接続）
먹 ... 자（勧誘）
먹 ... 어라（命令）
먹 ... 지 마（禁止）
먹 ... 을 수 있다（可能）
먹 ... 게 하다（使役）
먹 ... 는 시간（連体形）

つまり、韓国語も「最後まで聞かないと何が言いたいのかわからない」言語であり、言い換えると「発言の中で最後が最も肝心（かんじん）」ということになるのです。

さて、この本の読者の中には、K-POPや韓国ドラマのファンも多いとおもいます。好きなアーティストの歌詞やドラマのセリフを聞いていて「なんかやたら『ッソ』『ッソ』って言ってるよなあ」とか「よく語尾に出てくる『コヤ』って何だろう？」と思ったことはありませんか？ 韓国語は語尾が肝心と言いましたが、その語尾に使われるフレーズというのはかなり限られていて、しかもその使用頻度はかなり偏っています。つまり、「いつもいつも使われるお決まりの語尾」

があるということです。ここからはそんな語尾たちを紹介します。韓国語がわからなくても、いくつかの代表的な語尾を知っているだけで「何かを否定してるらしい」「過去のことを話しているらしい」「理由を話しているらしい」などなど、その発言の核心的な部分を理解することができます。ではいざ、素晴らしき（？）語尾の世界へ！

-요（ヨ）：丁寧語の基本 🔈52

最近は韓国語を習ったことがなくても、簡単な韓国語のフレーズの２つや３つは知っているという人がほとんどです。一番有名な韓国語と言えばやはり「アンニョンハセヨ（안녕하세요）」そして「サランヘヨ（사랑해요）」でしょうか。他にも「ヨボセヨ（여보세요）」「ケンチャナヨ（괜찮아요）」「マシッソヨ（맛있어요）」なんかも有名ですね。

これらのフレーズの共通点といえば？ そう、すべて語尾が「ヨ」に聞こえる音で終わっていることです。この「ヨ」はハングルで書くと「요」で、相手に対して丁寧な言葉遣(づか)いをしていることを示す語尾です（前章にも出てきました）。日本語で言うところの「で

す」「ます」に近いと言えるかもしれませんね。つまり、韓国人の話をじっと聞いていて、語尾にこの「요」の音が聞こえてくる場合は、この人は相手より目下(めした)か、もしくはそこまで親しくない間柄だということです。

「요」をつけずに話すのは「パンマル(반말)」と言われ、日本の「タメ口」のような感じになります。ちなみに「パンマル」の「パン(반)」は漢字にすると「半」で、直訳すると「半分の言葉」つまり「不十分な言葉」という意味です。会話の語尾に「요」が全然使われないのであれば、お互いに親しい関係であることを示しますし、片方は「요」をつけて話しているのに、相手の語尾からは「요」の音がまったく聞こえてこない場合は、両者の間に上下関係があるということがわかります。

なお、本章では会話例のほか、皆さんが自分で探して勉強できるように、歌詞でその表現を使用しているK-POPの楽曲名も載せています。興味がある人は実際にどんなふうに使われているか、公式YouTubeの字幕機能、音楽配信サービスの歌詞表示機能、CDの歌詞カードなどからぜひ探してみてください。

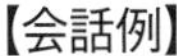

【会話例】

뭐 해**요**?
(何をしていますか？)

한국어 공부해**요**.
(韓国語を勉強しています)

【歌詞の使用例】

・TWICE “Knock Knock”
・防弾少年団 “봄날”
・NCT127 “No Longer”

-니다（ニダ）：「パンニハムハサムニダ」？ 53

一時期、日本のコメディアンの間で「韓国語でサンドイッチのこと何て言うの？」「パンニハムハサムニダ！」というのが流行ったことがあります。もちろん韓国語にそんな単語はないし、サンドイッチのことは「샌드위치（センドゥウィチ）」と言うのですが、僕は初めてこのギャグを聞いたときに、なかなか鋭いところを突いているじゃないかとひそかに感心したもので

す。

これは韓国語の語尾に「ニダ」という音がよく使われるという特徴を捉えたモノマネです。特にニュースなどを見ていると、アナウンサーが神妙な表情で「……ニダ。……ニダ」と言っているのがわかります。

さきほど「요（ヨ）」が丁寧さを表す語尾だと言いましたが、実はこの「ニダ」も同じように相手を敬う気持ちを表す「니다」という語尾です。では「요」と「니다」は一体何が違うの？ と思いますよね？ そのヒントは「니다」が使われるシチュエーションに隠れています。さきほども言ったように「니다」はニュースでよく使われます。他にも会社や裁判所、国会などでも「니다」が大活躍しています。さて、なんとなくわかってきたでしょうか？ そうです。「니다」が使われるのはちょっと格式張ったフォーマルな場が多いのです。それに比べて「요」は日常会話などのカジュアルな場面での使用が目立ちます。「니다」はやや堅苦しい印象なのに対し、「요」はソフトな感じを与えるとも言えるでしょう。

特に軍隊ではどんなときも必ず「니다」を使わなくてはならず、うっかり上官に対して「요」を使ってしまおうものなら大目玉を食らってしまうそうです。

【会話例】

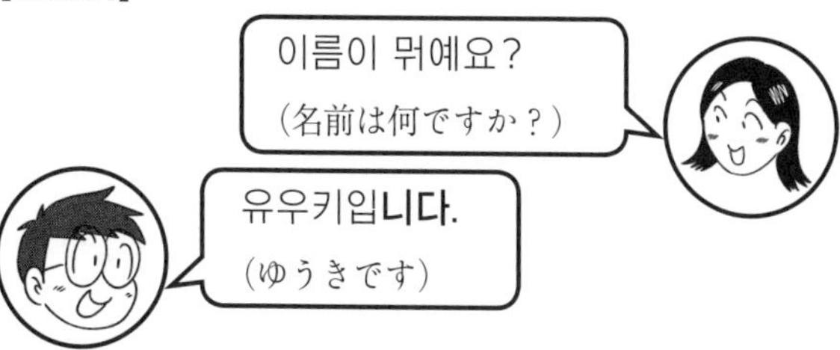

이름이 뭐예요?
(名前は何ですか？)
유우키입니다.
(ゆうきです)

【歌詞の使用例】

・イ・ジェフン “사랑합니다”
・SEVENTEEN “만세”
・G-Dragon “어쩌란 말이냐?”

-ㅆ어（ッソ）：過去のサイン　54

韓国で留学生をしていたころのエピソードです。韓国に旅行に来たフランス人の知人がある日突然「私韓国人のモノマネできるようになった！」と言うので、じゃあやってみてと言うと得意顔で「ッソ〜！　ッソ〜！」と言い出しました。最初はなんのことかわからなかったのですが、やがてそれが「-ㅆ어」という語尾のマネだと気づきました。

確かに韓国語ネイティブの話に耳を傾けているとし

ょっちゅう「〇〇ッソ、〇〇ッソ」と言っているのがわかります。一度気づいてしまうと、その部分だけが気になってしまって、改めてその使用頻度の高さにびっくりします。

それもそのはず。「-ㅆ어」というのは日本語で言うところの「〜した」にあたる過去形の語尾なのです。そのため、過去の話をするときは必ずどこかで「-ㅆ어」の音が聞こえるということになります。フランス人の知人はなかなか鋭い観察眼（いや観察耳というべきか？）を持っていたと言えるかもしれませんね。

韓国人が「〜ッソ」と言っているときは、何か過去の話をしていると考えて間違いないでしょう。ちなみに「〜ッソヨ」という音が聞こえてくることもよくありますが、これは「-ㅆ어」にさきほど学んだ丁寧語尾「-요」がくっついた「-ㅆ어요」で、過去のことを丁寧に話している場合、つまり日本語の「〜でした／ました」にあたる言葉だと思ってください。

【会話例】

어제 한국어 공부**했어**?
(昨日韓国語勉強した？)

아니, 밥 먹고 **잤어**.
(ううん、ご飯食べて寝た)

【歌詞の使用例】

・TWICE "YES or YES"
・フィソン "결혼까지 생각했어"
・ソン・タンビ "미쳤어"

-면（ミョン）：たとえばの話　55

韓国語を勉強する理由は人それぞれですが、時々「韓国語の響きが好き！」という理由で勉強する人がいます。具体的にどんな響きに惹かれるのか聞いてみたところ、「にゃんにゃんみょんみょん言ってるのがたまらなくカワイイ！」という答えが返ってきました。「にゃんにゃん」についてはちょっとナゾですが（「〜なのか？」という意味の「-냐?」のことかにゃ？）、「みょんみょん」というのは韓国語の仮定形で

ある「-면」のことだと思われます。

日本語の仮定形は「〜と」「〜たら」「〜ば」「〜なら」の4つがあり、それぞれ使い道が微妙に異なっています（この違いが説明でき「れば」あなたも日本語教師になれます！）。

しかし韓国語の仮定形はほとんどこの「-면」が一手に担っていると言っても過言ではないほどによく使われます。なので、韓国人の会話の語尾に「〜ミョン」という音が聞こえてきたら、何かを仮定した話をしているのだなと思えば間違いありません。

「-면」が入っている慣用表現の中でよく耳にするものの一つに「-면 -을/ㄹ수록」というのがあります。これは「〜すれば〜するほど」という意味です。

【会話例】

한국어는 배우**면** 배울수록 재밌는 것 같아.
（韓国語は勉強すればするほど面白いね）

그래. 열심히 하**면** 그만큼 늘어.
（そうだね。頑張ればそれだけ伸びるよね）

【歌詞の使用例】

・ユ・ソノ “봄이 오면”

・I.O.I “너무너무너무”

・miss A “남자 없이 잘 살아”

-지만（チマン）：そりゃそうなんだけど

🔈56

「韓国人『だけど』キムチが苦手だ」のように、文章の前半と後半の内容が常識的に合わない場合に使われる語尾が「-지만」です。日本語ネイティブの耳には直前にどんな音がくるかによって「チマン」に聞こえるときと「ヂマン」に聞こえるときがあります。ただし、日本語の「ちょっと聞きたいことがあるんだけど……」のように、本題につなげるための前ふり表現としては使えず、前半の内容を後半の内容が打ち消す場合にのみ使われます。ちなみにそのような前振り表現としては「～（ヌ）ンデ（-ㄴ/는데）」が一般的です。

「それはそうだけど」という意味では特に「그렇지만」「하지만」の形で使われることが多いです。

【会話例】

한국 음식 어때?
(韓国料理どう？)

응, 맵**지만** 아주 맛있어.
(うん、辛いけど美味しいよ)

【歌詞の使用例】

・여자친구 “시간을 달려서”
・防弾少年団 “Intro: Singularity”
・TWICE “CHEER UP”

-지 않아（チアナ）：そうじゃない　57

日本語の「～ない」、英語の「don't」にあたる語尾で前にくる動詞や形容詞を打ち消します。前にくる言葉の発音によって日本語ネイティブの耳には「～チアナ」に聞こえる場合と「～ヂアナ」に聞こえる場合がありますが、どちらも意味は同じです。ちなみに「아니야（アニヤ）」という音が聞こえたら、それは名詞を否定しているというサインです。

【会話例】

서울도 여름에는 많이 더워?
（ソウルも夏は暑いの？）

도쿄 만큼 덥**지 않아**.
（東京ほど暑くはないよ）

【歌詞の使用例】

・SEVENTEEN “울고 싶지 않아”
・ITZY “달라달라”
・Red Velvet “봐”

-잖아（チャナ）：簡単じゃん！　58

日本語には「〜じゃない」という言葉が縮まってできた「〜じゃん」という言葉があります。韓国語のそれが「〜잖아」です。つまり、さきほど出てきた「〜지 않아」の縮約形というわけです。ただ「〜지 않아」はあくまでも前の内容を打ち消す否定形としての機能が主ですが、「〜잖아」の場合は自分の意見を強調するニュアンスで使われます。このあたりも日本語の「〜じゃん」の使われ方にそっくりですね。しかも

なんとなく音まで似ているので、日本語ネイティブにとってはマスターしやすい韓国語の語尾だと言えます。日本語のネイティブの耳には「〜チャナ」で聞こえる場合と「〜ヂャナ」で聞こえる場合があります。

【会話例】

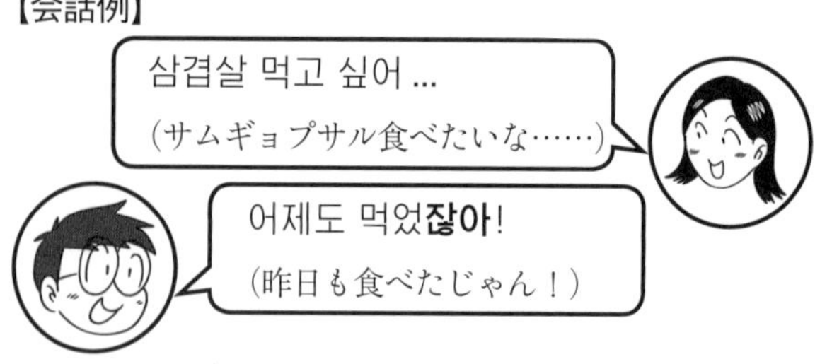

【歌詞の使用例】

・이승기 "친구잖아"
・ASTRO "니가 웃잖아"
・선미 "Noir"

-니까（ニッカ）：理由を聞いて！ 59

日本語の「〜だから」にあたる語尾です。韓国語で理由を述べるときの表現はこれ以外にも「〜해서」「〜하니」「〜하기 때문에」などなどいろいろあるの

ですが、歌詞によく使われて、音的にも耳によく入ってくるのはこの「～니까」ではないでしょうか。会話の中でも本当によく使われるので「…ニッカ～」と言っているのを見かけたら、何か理由を述べているんだと思ってください。

【会話例】

왜 한국어를 공부해?
（どうして韓国語を勉強してるの？）

한국사람하고 친구가 되고 싶으**니까**.
（韓国の人と友達になりたいから）

【歌詞の使用例】

・防弾少年団 “DNA”
・Super Junior “Opera”
・IU “이런 엔딩”

–거야（コヤ）：私の主張　60

「韓国人は自分の意見をはっきりと主張する」とよ

く言われます。もちろんすべての韓国人が自己主張が強いわけではありませんが、日本人と比べて全体的な傾向をみると確かにそんな気もします。

さて、そんな彼らにとって自分の主張を伝えるのにとっても大事な語尾がこの「～거야（コヤ）」。韓国の歌は自分の気持ちを相手にストレートにぶつけるタイプの歌詞が多いので、自然と「거야出現率」も高くなります。どんな曲にも必ずといっていいほど出てくるので、「あ、何か主張してるんだな」と思いながら聞いてみてください。ちなみに丁寧語では「～거예요（コエヨ）」になります。

【会話例】

내일 어디 나가?
（明日どこか行くの？）

아니, 그냥 집에만 있을 **거야**.
（いや、ずっと家にいるつもりだよ）

【歌詞の使用例】

・TWICE "FANCY"

・東方神起 “Circle”

・防弾少年団 “Magic Shop”

-수 있어/없어（ス　イッソ／オプソ）：できる？　できない？　🔈61

「있어（イッソ）」は「ある」、「없어（オプソ）」は「ない」という言葉です。「오늘 약속이 있어（今日約束がある）」「애인이 없어（恋人がいない）」のように使われます。

ちなみに日本語では対象が生物か無生物か（正確には自分で動くことができるかどうか）で、「いる／ある」を区別しますが、韓国語にはこの区別はありません。そして、この前に「方法、手段、能力」などを表す「수（ス）」という言葉がつくと、「〜できる／できない」という意味になります。

【会話例】

그 사람이 범인이었대！
（あの人が犯人だったって！）

진짜？ **믿을 수 없어**！
（ホント？　信じられない！）

【歌詞の使用例】

・여자친구 “FEVER”
・NU’EST “BET BET”
・SHINee “산소 같은 너”

－자（ヂャ）：やろうよ！　🔈62

動詞にくっついて英語の「Let’s 〜」、日本語の「〜しよう」と同じような働きをする語尾がこの「〜자（チャ）」です。前にくる動詞の発音によって日本語ネイティブの耳には「〜チャ」で聞こえる場合と「〜ヂャ」で聞こえる場合があります。

ちなみに、これまで出てきた語尾はほとんど「－요」をつけることで丁寧語にすることができるのですが（例：「－ㅆ어요（〜しました）」「－지　않아요（〜

しません)」「-수 있어요 (〜できます)」)、「〜자」は「〜요」をつけて「〜자요」と言ってもダメで、「〜 (으) ㅂ시다 (プシダ) (〜しましょう)」という特別な形があります。

【会話例】

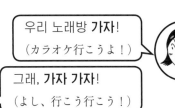

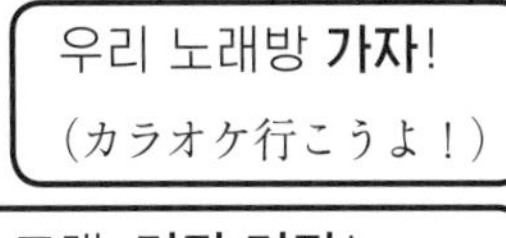

우리 노래방 **가자**!
(カラオケ行こうよ!)

그래, **가자 가자**!
(よし、行こう行こう!)

【歌詞の使用例】

・PENTAGON “함께 가자 우리”
・IU& 슬옹 “잔소리”
・SHINee “Why So Serious?”

-처럼 (チョロム):韓国人みたいに 🔈63

個人的に韓国語の語尾の響きの中で僕が気に入っているのが、この「-처럼 (チョロム)」です。名詞について「〜のようだ」という比喩表現になります。なん

となく涼しげな鈴の音のようで可愛い響きのする語尾だと思いませんか？ 感情表現や情景描写を豊かなものにするために歌詞にはさまざまな比喩表現が使われるものですが、その分よく耳にします。動詞とくっついて「〜するように」という意味になる「-것처럼(ゴッチョロム)」という発展バージョンもあります。

【会話例】

우리 선생님 진짜 멋있는 것 같아.
(うちの先生本当にカッコいいよね)

나도 선생님**처럼** 되고 싶어.
(僕も先生みたいになりたいよ)

【歌詞の使用例】

・BLACKPINK “마지막처럼”

・태연 “쌍둥이자리”

・TWICE “What is Love?”

コラム　もう一つの韓流「K文学」

「韓流」と言えば、韓国ドラマやK-POPのことを指すのが一般的ですが、ここにきて「新しい韓流」とも捉えられるような動きが起きています。それは「韓国文学」いわゆる「K文学」の普及です。

つい10年ほど前は、海外の文学作品といえば欧米のものが主流で、韓国を含むアジアの文学作品の発行部数は微々たるものでした。しかしこの数年、韓国の文学作品が日本で翻訳され、ヒットする動きが出てきています。韓国でも社会現象を巻き起こし映画化もされたチョ・ナムジュの『82年生まれ、キム・ジヨン』（筑摩書房）が海外文学作品としては異例とも言える売り上げを記録したことを知っている人は多いと思います。みなさんの中には書店で前を向いた顔のない女性が印象的な表紙を目にしたことがある人もいるかもしれませんね。

韓国文学が注目を浴びているのには様々な理由がありますが、「女性差別」「世代間ギャップ」「格差問題」など、日本人にとっても共感の出来る社会的なテーマを取り上げた作品が多く、これから私たちが歩むべき道についてのヒントを与えてくれたり、一緒に考えるためのきっかけを得ることができる作品が多いことが挙げられます。

韓国文学を読めば、この時代を共に生きる韓国の人たちが、日々どのようなことを考え、どのようなことに悩み、様々な問題とどう向き合っているかがよくわかります。前述した『82年生まれ、キム・ジヨン』以外にも、生まれつき感情を感じることのできない少年の成長を描くソン・ウォンピョンの『アーモンド』(祥伝社)、日韓合計140万部読まれたキム・スヒョンのエッセイ『私は私のままで生きることにした』(ワニブックス)などは、日本の書店でも店頭に並んでいることが多いので、ぜひ一度手に取ってみてください。

第5章　韓国語にもいろいろある

タメ口と丁寧語　64

“I study Korean.” 突然ですがこの英文を和訳できますか？ え？ 何を言ってるんだ？ こんなの簡単簡単。「私は韓国語を勉強します」じゃないか！ と思ったあなた、果たして答えはそれだけでしょうか？ 10人ぐらいにこの問題を出すと「私は韓国語を勉強**します**」と答える人と「私は韓国語を勉強**する**」と答える人に分かれます。日本語にはこのように丁寧語と友達言葉（タメ口）があり、自分と相手の関係によってそれが使い分けられます。英語にもそういう言い分けが完全にないわけではないのですが、日本語の複雑さに比べたら実にシンプルなものです。

さて、我々がこれから学ぼうとする韓国語はどうなのでしょうか？ ズバリ結論から言うと、韓国語にも日本語と同じようなタメ口と丁寧語の違いがあります。韓国は長い間厳格な身分社会だったこともあり、相手が自分より目上なのか目下なのかによって言葉遣いに大きな違いが出てきます。

韓国語では丁寧な話し方のことを「존댓말（チョンデンマル）」と言います。漢字語の존대（尊待）と固有語の말（言葉）がくっついてできた複合語です（間のㅅは二つの言葉をつなげる接着剤のようなものです）。존댓말にはいろんなバージョンがあるのですが、大きく「합니다」体と「해요」体に分けることができます。これについては第4章でも触れましたね。思い出せない人はもう一度読み返してみてください。韓国語は語尾が命！ ですので、聞いていて「〜ニダ」とか「〜ヨ」で終わる言葉は丁寧な話し方なのだと思ってください。「합니다」がちょっと硬い印象を与えるのに対し、「해요」はソフトで優しい印象を与える言い方です。

この「해요」体から最後の「요」が落ちたのがぞんざいな言い方とされる「반말（パンマル）」です。直訳すると「半分の言葉」、「きちんとしていない言葉」ということになります。前にくる言葉が名詞の場合の반말、つまり日本語でいうところの「〜だよ」と言うときは「-야」という言葉が使われます。ちょっと関西弁の「〜や」に似てますよね。

ここで動詞「가다（行く）」、形容詞「예쁘다（綺麗

だ)」、名詞「일본 사람（日本人)」をそれぞれ합니다体、해요体、そして반말にしたらどうなるのか見てみましょう。

原型	합니다体	해요体	반말
	丁寧語		タメ口
가다 （行く）	갑니다 （行きます）	가요 （行きます）	가 （行く）
예쁘다 （綺麗だ）	예쁩니다 （綺麗です）	예뻐요 （綺麗です）	예뻐 （綺麗）
일본 사람 （日本人）	일본 사람입니다（日本人です）	일본 사람이에요（日本人です）	일본 사람이야 （日本人だ）

それぞれどのようなメカニズムで変化するのかについては、本格的に韓国語を勉強しはじめてからじっくり学んでいただくとして、とりあえずここでおさえておいてほしいのは「韓国語にも丁寧語とタメ口があるんだ！」ということです。

ここまでの話だと「日本語と韓国語はやっぱり似てるなあ」という気がすると思います。しかし、どんな相手に対してどんな言葉遣いをするのかということを見るとやっぱり様々な違いがあります。

たとえば自分のおじいちゃんに対してあなたはどん

な言葉遣いをしますか？　日本人の場合ほとんどの人が「おじいちゃん、あれ買って」とか「おじいちゃん、何してるの？」のようにタメ口を使うのではないかと思います。しかし、韓国ではほぼ間違いなく「할아버지, 저거 사 주세요（おじいちゃん、あれ買ってください）」とか「할아버지, 뭐 하세요？（おじいちゃん、何をなさっているんですか？）」のように존댓말を使って話します。もしここで반말を使ってしまうと「なんだその言葉遣いは！」と怒られてしまうかもしれません。

また学校の中でも「山田先生、質問があるんですけど」と丁寧語で話す先生と、「山田ちゃん、ちょっと聞いていい？」のようにタメ口で話す先生がいたりします。これはその先生との親密さによって変わります。

ある相手に対してどのような言葉遣いをするかは「社会的序列」と「親密さ」がカギを握っています。つまり「社会的に相手は自分より上か下か」そして「自分は相手とどれぐらい仲がいいのか」によって、タメ口を使ったり丁寧語を使ったりするわけです。

絶対的な基準があるわけではないのですが、日本語ではどちらかというと「親密さ」が、韓国語では「社会的序列」が言葉遣いの決定において優先される傾向があります。つまり、日本語が「いくら先生でも親しいからタメ口」という考えをするのに対し、韓国語は「いくら親しくても先生には丁寧語」という考え方をすると思ってください。

敬語　🔈65

突然ですが、次の会話文を見てください。

「もしもし、アリラン商事の山田って言うんですけど、河合部長いますか？」
「すみません、河合部長は今いないんですよ」
「じゃあ帰ってきたら僕から電話があったって伝えといてくれますか」
「アリラン商事の山田さんですね。わかりました」

一応丁寧語で交わされている会話ですが、実際に仕事で取引先に対し電話でこんな口の聞き方をしたら「なんて非常識なんだ！」と言われてしまいます。では、さきほどの会話、どんな風に直せば失礼じゃない感じになるのでしょうか？ たとえばこんなのはどうでしょう。

「もしもし、アリラン商事の山田と申しますが、河合部長はいらっしゃいますか？」
「申し訳ありません、河合は只今席をはずしております」
「ではお戻りになられたら私から電話があったとお伝えくださいますか」
「アリラン商事の山田様ですね。かしこまりました」

これでだいぶキチンとした感じになりましたね。このようなビジネスの場面で欠かせないのが敬語です。敬語は相手を敬っていることをアピールするために使われる特定のスタイルにのっとった言葉遣いです。相手に対して敬意を表す方法にはいろいろあるのですが、大きく分けて「相手を上げる」「自分を下げる」の二つがあります。ここでは前者を尊敬語、後者を謙譲語と言うことにします。

尊敬語は相手が主語になった場合に使われます。さきの例文では「河合部長いますか？」ではなく「河合部長いらっしゃいますか？」と言ったり、「帰ってきたら」ではなく「お戻りになられたら」のように言い換えているのが尊敬語にあたります。

謙譲語は自分がへりくだる表現ですので、自分が主語になるときに使われます。さきの例文では、「山田って言うんですけど」の代わりに「山田と申しますが」と言ったり、「わかりました」ではなく「かしこまりました」と言ったりするのが謙譲語にあたります。

さて、韓国語にも日本語によく似た敬語の体系があります。相手を上げたり、自分を下げたりして相手に対する敬意を表します。

敬語には「あるパターンに基づいて言葉を変化させる」ものと、「言葉そのものがガラッと変わる」ものの二つがあります。前者は日本語の「読む→お読みになる」のパターンです。動詞を「お＋〜になる」の形に活用することで、尊敬語を作ることができます。他にも「借りる→お借りする」のように「お＋〜する」の形に活用すれば謙譲語になります。それに対して後者は「見る→ご覧になる（尊敬語）」「寝る→お休みになる（尊敬語）」「食べる→いただく（謙譲語）」「聞く→うかがう（謙譲語）」のように敬語のための特別な言葉が用意されているものです。

実は韓国語の敬語も「あるパターンに基づいて言葉を変化させる」ものと、「言葉そのものがガラッと変わる」ものにわけることができます。

まず前者の例を見てみましょう。

가다（行く）→가시다（行かれる）
하다（する）→하시다（なさる）
읽다（読む）→읽으시다（お読みになる）
웃다（笑う）→웃으시다（お笑いになる）

もともとの動詞に－시（パッチムのある動詞は－으시）をつけることで尊敬語を作ることができます。これがカジュアルな丁寧語である해요体になると「－세요」になるのですが、これがつまり「안녕하세요」や「어서 오세요」などに使われる「～セヨ」の正体なのです。

では次に「言葉そのものがガラッと変わる」ものもいくつかご紹介しましょう。

있다（いる）→계시다（いらっしゃる：尊敬語）
먹다（食べる）→드시다（召し上がる：尊敬語）
자다（寝る）→주무시다（お休みになる：尊敬語）
죽다（死ぬ）→돌아가시다（お亡くなりになる：尊敬語）
주다（あげる）→드리다（さしあげる：謙譲語）
만나다（会う）→뵙다（お目にかかる：謙譲語）
묻다（尋ねる）→여쭈다（お尋ねする：謙譲語）

言葉そのものが完全に変わってしまっているのがわかりますよね。ここに取り上げたのは一部で、他にもいろいろあるのですが、特に「いる」や「食べる」など、日常生活で頻繁に使われる動詞にこのようなタイプが多いのが特徴です。

日本語は自分がへりくだる謙譲語にもあらゆる動詞に応用できる文法があるのですが、韓国語の謙譲語の場合は、すべてこのように完全に変化するタイプしかありません。つまり、日本語に比べて謙譲語があまり使われない傾向にあるということが言えます。

絶対敬語と相対敬語　🔈66

さて、さきほどの対話文を韓国語にするとどうなるのでしょうか。そして、日本語とはどのような違いがあるのでしょうか。こちらをご覧ください。

“여보세요? 저 아리랑상사의 김지현이라고 하는데요, 가와이 부장님 계세요?”
“죄송합니다. 지금 가와이 부장님은 자리에 안 계십니다.”
“그럼 오시면 지한테 전화가 왔었다고 전해 주시겠

어요?"
"아리랑상사 김지현 님이시죠? 알겠습니다."

これを日本語に直訳するとこんな感じです。

「もしもし、アリラン商事のキム・ジヒョンといいますが、河合部長様はいらっしゃいますか?」
「申し訳ありません。只今河合部長様は席にいらっしゃいません」
「ではいらっしゃったら電話があったと伝えてくださいますか?」
「アリラン商事のキム・ジヒョン様ですね? わかりました」

部長に「様(님)」をつけたり、日本語に比べて謙譲語が少なかったりといろいろ違いがありますが、特に注目してほしいのが二つ目のセリフ、「河合部長様は席にいらっしゃいません」です。もし、日本でこのとおりに話したら「外部の人間に対して自分の上司を持ち上げるとはなんて失敬な!」と怒られてしまうかもしれません。日本語ではこういうとき「河合は」「おりません」と謙譲語を使ってへりくだった言い方

をすべきとされています。日本語には「ウチとソト」という考え方があり、ソトは常にウチよりも敬うべきというのが原則です。河合部長は自分の上司とは言えあくまでもウチの人なので、ソトの相手であるアリラン商事のキムさんと話すときは、河合部長の方を下にした話し方をするのがマナーであるというわけです。こういう敬語のスタイルを「相対敬語」と言います。

それに対し韓国語では、あくまでもその人と自分の上下関係はどうなのかというのが基準になります。河合部長は自分よりも上の人なので、どんな場合も敬っ

ておかなくてはいけないのです。こういう敬語のスタイルを「絶対敬語」と言います。

男言葉と女言葉　🔈67

日本語の特徴の一つに「男女の言葉遣いの差が大きい」というのがあります。たとえば次の会話を見てみましょう。

A：あたし、先月から韓国語勉強してるの。すっごく面白いのよ。
B：本当かよ。じゃあ俺も始めてみようかな。いいテキストあったら紹介してくれよ。

日本語ネイティブであれば、すぐにAは女性でBは男性であることがわかると思います。それはAとBの言葉遣いにそれぞれのジェンダーを表す言葉遣いが使われているからです。では、この会話を韓国語にするとどうなるでしょうか。

A：나 지난달부터 한국어 공부하거든. 진짜 재미있어.

B : 정말? 그럼 나도 시작해 볼까? 좋은 교과서 있으면 알려 줘.

さて、この会話を韓国語ネイティブに見せて、この2人の性別を当てさせると、これは男性同士じゃないかと答える人もいれば、Aは男性でBは女性、いやいやAが女性でBは男性と実に様々な答えが返ってきます。これは、この会話だけでは性別を判断できない、つまり韓国語の言葉遣いには日本語のようなはっきりとした男女差が見られないためです。

新海誠監督の映画『君の名は。』では、入れ替わってしまった男子生徒と女子生徒が、自分の呼び方を「わたし？」「ぼく？」「おれ？」とあれこれ迷うシーンがあります。日本語の一人称に男女差があることを効果的に利用した名場面ですが、これを韓国語にすると、すべて「나?」になってしまい、このシーンの面白さが十分に伝わりません。この映画を翻訳した人はさぞ苦労したのではないかと思います。

韓国の小説、それも主人公の一人称で語られる小説を読んでいると、「나（わたし）」が一体男性なのか女性なのか、かなり読み進めないとわからない場合も珍しくなく、日本語話者としてはなんともモヤモヤした

気持ちになります。

だからといって韓国語の男女の言葉遣いが完全に同じなのかというとそうではなく、男性が好んで使う傾向のある表現、女性が好んで使う傾向のある表現がいくつかあります。

たとえば、疑問文の語尾に「～니?」をつけるのは女性が多く、「～냐?」をつけるのは男性が多いという傾向があります（例：「ご飯食べた？」→밥 먹었니? / 밥 먹었냐?）。

他にも性別によって使う語彙が決められている場合もあります。「오빠」という韓国語は韓流好きな日本人女性の間でもよく知られていますが、これは「女性が兄を呼ぶとき」の単語。男性が呼ぶ場合は「형」と言わなくてはいけません。また、同様に姉を呼ぶ場合も女性は「언니」男性は「누나」です。小説を読んでいて主人公である「나（わたし）」が男か女かわからなくても、「우리 언니는（私の姉は）」という文章が出てきたら「あ、女性なんだな」とわかるわけです。

韓国語にも方言ってあるの？

関西弁、東北弁、九州弁……日本には東京で話されている標準語（共通語）以外にもさまざまな方言があります。これは日本という国が非常に長い歴史を持ち、地理的にも海や湖や山脈によって地域ごとの移動が難しい時期が長かったためです。同じように、長い歴史があり、地理的にも日本と似通ったところが多い韓国にもいろんな方言があります。

韓国語では方言のことを「サトゥリ（사투리）」といいます。現在の大韓民国にはソウルを含む京畿道（キョギド）の他に、慶尚道（キョンサンド）、全羅道（チョルラド）、忠清道（チュンチョンド）、江原道（カンウォンド）、済州道（チェジュド）といった地方がありますが、方言の範疇（はんちゅう）もだいたいこの分け方と一致していて、慶尚道サトゥリ、全羅道サトゥリなどと呼ばれることが一般的です。厳密に言えばソウルにもソウルサトゥリがあるのですが、ソウルとその近郊（首都圏）で使われている言葉が「標準語（표준어）」とされています。

もちろん関西弁の中にも大阪弁や京都弁などバラエティに富んだ方言群があるように、ひとくちに慶尚道サトゥリと言っても、釜山（プサン）サトゥリ、大邱（テグ）サトゥリ、馬山（マサン）サトゥリなど細かく分かれています。

韓国のサトゥリには、ソウルではすでに消えてしまった昔の発音や、中世以前の韓国語の文法の痕跡が残っていることも多く、サトゥリから昔の韓国語の姿を

探ろうとする学者もたくさんいます。

文化・経済面のソウル一極集中が進むにつれて、サトゥリを使う若者は減少傾向にありますが、そんな中でも強い存在感をはなっているのが韓国第2の都市である釜山市を中心とした慶尚道サトゥリです。慶尚道の人々は自分たちの言葉にプライドを持っており、大学などでソウルに上京しても標準語で話そうとせず、サトゥリを貫く傾向にあります。特に釜山出身の男性が地元に帰ってソウル言葉を使おうものなら、「ソウルにかぶれやがって！」と友達から大ブーイングを受けてしまいます。このあたり、ちょっと日本における関西弁に似ていますよね？

韓国のサトゥリに触れたいならドラマや映画を見るのがてっとり早いです。特にドラマ『応答せよ 1994』は全国各地から上京してきた登場人物が一つの下宿で生活するストーリーなので、さまざまなサトゥリに触れることができます。また、アイドルの中にもサトゥリを話せる人がいます。たとえば東方神起のユノは光州出身で全羅道サトゥリ、元 Wanna One のカン・ダニエルは釜山サトゥリのネイティブスピーカーです。

釜山サトゥリに関しては日本人向けのテキストも出ています（金世一『話してみよう！ 釜山語』HANA）ので、興味がある人はぜひ読んでみてください。

北朝鮮と韓国の言葉

さて今まで話してきたのはあくまでも大韓民国、つまり朝鮮半島の南側のサトゥリについての話。ここからは半島の北側にある北朝鮮の言葉についてお話ししましょう。

「はじめに」で述べたように、韓国と北朝鮮は基本的に一つの言語を話しています。しかし、ソウルの人と平壌の人が同じような言葉を使っているかというとそうではありません。北朝鮮の言葉を考える上で大事なポイントは２つあります。それは「地理的な要素」と「社会的な要素」です。

ではまず「地理的な要素」から。朝鮮半島は、伝統的に「八道」といって８つの地方に区分されてきました。そのうち現在の北朝鮮は、黄海道（ファンヘド）、平安道（ピョンアンド）、咸鏡道（ハムギョンド）、そして江原道の北半分にあたります（厳密にいうと京畿道の一部も含まれます）。その地方にもともとあった方言が現在の北朝鮮では使われています。特に平壌のある平安道のアクセントやイントネーションは北朝鮮の標準語の基礎となっています。北朝鮮の言葉というと、どうしても日本のニュースなどでよく耳にする、やたらと大げさで威圧的なあの口調を思い浮かべてしまいがちですが、日常で使われる平安道サトゥリは非常にたおやかな優美さを持った独特の響きがあり、ちょっと日本の京都弁のような印象すら受けます。

「社会的な要素」というのは、南北の政治的な分断の結果生まれた言葉の差のことです。韓国と北朝鮮は1950年代以降、別々の政府によって統治され、それぞれのイデオロギーにのっとった教育がなされてきました。その際に使われる用語にいろいろな差が生まれ、それが世代を超えて受け継がれるうちに、方言として固定したというわけです。

たとえば友達のことを韓国では「친구」と言いますが、北朝鮮では「동무」という言葉を使います。「동무」という言葉自体は古くは韓国でも普通に使われていたのですが、「친구」という言葉に置き換わるにつれて廃れたものが、北朝鮮では今でも現役で使われているわけです。

また韓国ではアメリカの影響を強く受けて英語が多く使われますが、北朝鮮では自国流に翻訳して呼ばれることが少なくありません。たとえばアイスクリームのことを韓国では「아이스크림」と英語のまま呼ぶのに対し、北朝鮮では「얼음과자（氷菓子）」あるいは「에스키모」（エスキモー）と呼ばれています。

コラム　韓国の首都ソウル

ソウルの正式名称は「ソウル特別市」といいますが、韓国に住む人にとってソウルは他のどんな場所とも異なる特別な場所です。1395 年（日本は室町時代！）に朝鮮王朝の都として定められて以降、600 年以上にわたり、ソウルは韓国の政治、経済、文化、教育など全ての面における中心地であり、あらゆるチャンスがころがっている憧れの都なのです。韓国には「馬は済州島に送り、人はソウルに送れ（말은 제주도로 보내

고 사람은 서울로 보내라)」ということわざがあります。「人として生まれて成功するならソウルを目指すべき」という意味です。

ソウルは市域の中心を東西に横切るように流れる大河「漢江（한강）」によって「江北（강북）」と「江南（강남）」に大きく二分されます。江北エリアはもともと都が置かれたいわゆる「オールドタウン」で歴史的な街並みや建造物が残っています。またどちらかというと庶民的な香りのする「古き良きソウル」のイメージが強いエリアです。それに対し江南は、1970年代以降に計画的に開発が進んだ「ニュータウン」で、セレブが多く居住する高級住宅街や、大企業のビルがひしめくハイソなイメージのエリアです。K-POP関係の芸能事務所も数多く存在します。

その他にも、いつも大勢の若者で賑わい流行の発信地となっている「弘大（홍대）」や、小劇場が多く文化芸術の街として名高い「大学路（대학로）」など、エリアごとに様々な楽しみ方ができるのもソウルの魅力です。また1000万人級の大都市としては珍しく、市内のあちこちに小高い山があり散歩道も整備されているので、夜になると美しい夜景を眺められるスポットもたくさんあります。

第6章　本格的に勉強したくなったあなたへ

どんな方法があるんだろう

さて、ここまで読んで「もうちょっと韓国語勉強してみようかな」という気になったあなた。本章はそんなあなたのために韓国語を勉強するにはどんな方法があるのか、あれこれご提案していこうという章です。いろいろ読んで自分に一番合っていそうなものを見つけてください。

日本で韓国語を学ぶ

語学の学習で最も大事なことは「良質なインプット」と「良質なアウトプット」をたくさんすること。つまり、その言語にできるだけたくさん触れて、そしてその言語を実際にできるだけたくさん使うことです。そのためにはその言語が使われる環境、つまり現地に身を置くことが一番手っ取り早いのですが、だからといって誰もがすぐに韓国に引っ越すことができるわけではありません。この本の読者のみなさんのほとんどがおそらくそうなのではないかと思います。

さて、いくら現地に住んでいるからといって、それだけで言語が上達するというわけでもありません。むしろ日本にいても工夫次第でいくらでも実力を伸ばすことは可能なのです。ということで、ここではまず、日本にいながらにして韓国語を学ぶ方法にはどんなものがあるのか見ていくことにしましょう。大きく「韓国語教室に通う」「学校で学ぶ」「独学する」の3つに分けてご紹介します。

韓国語教室に通う

「冬のソナタ」に端を発した韓流ブーム以降、日本のあちこちに大小様々な韓国語教室ができました。立派なビルのワンフロアを使って講師を何人も抱える会社のような教室から、韓国から嫁いできた奥さんが、地域の人を対象に自宅や公民館で開いている小規模な教室まで、その形態も実に千差万別です。今みなさんの住んでいる街にこのような韓国語教室があるのであれば、そういうところに通ってみるのもいいでしょう。

教室選びの際にはぜひ「講師」と「生徒」の2つ

をチェックしてほしいと思います。

まず講師についてです。まず見るべきポイントは講師の経歴と専門性、つまり「韓国語をどれぐらい長く教えているのか」ということと「外国語としての韓国語を教えるための資格があるか（あるいは勉強を積んでいるか）」ということです。

日本の韓国語教室はネイティブの先生の割合が非常に高いのですが、中には「地域に住む唯一の韓国人だから」という理由で教えている先生もいます。よく誤解されるのですが、ある言語が話せることと、その言語が教えられることはまったく異なります。それはたとえば「車を運転できる」ことと「車を作れる」ことぐらいの違いがあるといっても過言ではありません。日本語には仮定形として「～すると」「～したら」「～すれば」「～するなら」の４つがありますが、これらの違いを正確に説明できる日本人は決して多くありません。「先生に会ったらよろしくお伝えください」とは言えるのに「先生に会うとよろしくお伝えください」が不自然な理由、みなさんはわかりますか？ このように外国語を教える際には、ネイティブが疑問にも思わないようなことについての説明が求められます。

このような生徒の疑問にきちんと答えられるだけ

の、言語的な専門知識を持った先生かどうかを事前にちゃんとチェックする必要があります。その先生の大学での専攻、それから韓国語教師としての資格の有無を尋ねることで、ある程度検証することが可能です。また、できればその先生がどこの出身かも調べておくといいでしょう。もちろん地方出身者だからといって標準語がまったくできない人ばかりでもないですし、方言には方言の良さがあることも事実ですが、やはり外国語として学ぶ場合は基礎としての標準語（ソウル言葉）をきちんと押さえることが肝要です。大きな韓国語教室の場合は採用の段階でそれらがチェックされますが、個人でやっているような教室だと、先生が釜山サトゥリ丸出しで、その影響で生徒もみんな釜山サトゥリになってしまっているようなケースもあります。

また民間の韓国語教室では、本登録の前に見学や体験受講を認めているところが多いですが、その際にはぜひ講師とともに生徒の様子もチェックしてほしいと思います。地方の小規模な韓国語教室によくありがちなのですが、同じ顔ぶれの生徒が何年もほとんど入れ替わりなしに通ってきていて、教室に勉強にくるというよりは、仲良しグループによる趣味の集いのような雰囲気になっているケースもあります。もちろんそのような集いにもそれなりの存在意義があるので、そのものを否定するわけではありませんが、すでに空気が出来上がってしまっている場所に入っていくのはなかなか勇気がいりますし、韓国語の上達よりもみんなで集まっておしゃべりすることが主目的となってしまっているので、勉強の進度もなかなか進まないことが少なくありません。もし自分の住んでいる地域にそういう教室しかないのであれば、そしてあなたが純粋に韓国語を勉強したいと思っているのであれば、いっそのこと独学のほうが効率的かもしれません。

学校で学ぶ

あなたがもし中学生や高校生なら、韓国語を学べる学校に入学するのも一つの選択肢です。2016年現在で韓国語（朝鮮語）の科目を選択できる高校は全国に328校あり、1万人以上の高校生が学校で韓国語を学んでいます。これは英語以外の言語としては中国語に次いで二番目に多い数です。また、全国には韓国の高校と姉妹提携をしている高校もたくさんあります。そのような高校では定期的に韓国の生徒が訪問したり、逆に日本から韓国に訪問したりする交流事業があります。同世代の韓国人と交流しながら韓国語の実力を試す絶好の機会ですので、高校選びをするときにそのようなことも調べてみるといいかもしれません。

大学で韓国語を学ぶ場合は、主に二つの道筋があります。一つは教養外国語科目として学ぶ方法、そしてもう一つは専攻として韓国語を学ぶ方法です。「はじめに」で述べたように、2015年現在日本全国にある700あまりの大学（4年制）のうち、韓国語（朝鮮語またはコリア語）の科目を開設しているのはおよそ474校、つまり半分以上の大学ではなんらかの形で韓国語を学ぶ機会を設けています。しかし、大抵は単位を取るための教養選択科目扱いなので、入門や初級レベル止まりであることがほとんどです。それに対して専攻で韓国語を学ぶ場合は4年間みっちり韓国語漬けになれます。韓国への交換留学制度なども充実していることが多いです。専攻ということは韓国語のエキスパートを育てることを目的としているわけですから、中上級者対象のクラスも充実しています。ただ卒業後その専攻を生かして韓国語を使える仕事に就けるかというと、残念ながらそうとは限らないので（もちろんそういう人もいますが）、本当に韓国語そのものが好きで深く学びたい気持ちがある人におすすめします。

また教養科目とは違って、専攻で韓国語を学べる大学は今のところ思ったほど多くないのが実情です。韓国に日本語を専攻できる大学がとても多いことに比べるとちょっと残念な状況ですが、これからもっと増えるといいなと思っています。下に一覧を載せておきますので興味のある人は参考にしてみてください。

【専攻で韓国語を学べる主な大学】(2020年12月時点)
関東：東京外国語大学、目白大学、帝京大学、獨協大学、神田外語大学、東京成徳大学、城西国際大学
中部：富山大学、南山大学、新潟国際情報大学
関西：大阪大学、関西大学、天理大学、近畿大学、帝塚山学院大学、京都産業大学
中国：山口県立大学、梅光学院大学
九州：福岡大学、長崎外国語大学、熊本学園大学

独学する

日本で韓国語を学ぶ方法として最後にご紹介するのが「独学」です。「はじめに」でも紹介しましたが、日本の韓国語学習者のうち、最も割合が多いと思われるのが、一人で黙々と勉強を続けているこの「独学」

スタイルの学習者で、韓国語学習者全体のおよそ6割を占めるというデータもあります。

何を隠そう、この僕も初めて韓国語を学びはじめたときは独学でした。当時は韓流ブームがはじまるはるか前で、韓国語を勉強する人も、ましてや教えてくれる教室も今とは比べものにならないぐらい少ない時代でした。あったとしても平凡な大学生が通うには高額でしたし、大学の教養外国語にも韓国語がある大学はほぼありませんでした。つまり、望んで独学をしたというよりは、独学しか現実的な選択肢がなかったわけです。

ここでは少しページを割いて、独学者のみなさんのためにいくつかアドバイスをしようと思います。

テキスト選び

独学をする方法として多くの人が真っ先に思い浮かべるのが、テキストを買ってきて一人で勉強するという方法ではないでしょうか。今、全国どこでもそれなりの規模の書店に行けば立派な韓国語コーナーがあり、初級から中上級まで本当に山のようにテキストが置いてあります。こんなにたくさんあるとどれを選べばいいのかかえって迷ってしまいますよね。

どんどん刊行され続ける星の数ほどの本の中から、これ！ というものをオススメするのは至難の技ですので、韓国語のテキストを選ぶときに参考にしてほしいポイントを提案しますね。

それは「複数のテキストを併用すべし！」ということ。よく「この１冊でOK！」を売り文句にしているテキストを見かけますが、世の中に完璧なテキストというものは存在しません。それぞれに長所短所があります。なので、それらを補い合えるように複数のテキストを使い分けることが効果的です。初級者はとりあえず「単語を覚えるための本」「文法が詳しく載っている本」「練習問題がたくさんある本」の３冊を揃えてみましょう。本屋でパラパラっとめくってみて「あ、これなら続けられそう」と思ったものでかまいません。自分の直感を信じてください。ちょっと余裕がある人は「聴き取り練習をするための本」を買ってみてもいいかもしれません。

動画コンテンツの活用

テキストとにらめっこしながら机に向かうだけが独

学の方法ではありません。最近特に増えているのが「韓国語教室に通ったわけでも、教科書で勉強したわけでもないのになぜか韓国語ができるようになった」という若者たち。彼らに話を聞いてみると、ほぼ間違いなく「韓国関係の YouTube を見まくっているうちに聴き取れるようになった」という答えが返ってきて驚かされます。

頭の固い旧世代の人間としてはどうやったらそんなことが可能なのかと思ってしまいますが、言語の熟達度はその言語に触れている時間に比例するということを考えると、こういう学習（?）法も結構理にかなっているのです。語学のテキストを毎週5時間ずつ勉強するのは苦痛でも、好きなアイドルが話している動画なら毎週どころか毎日3時間以上見続けても決して飽きることはありません。そうすると無意識のうちに、その言語に対する受け入れ体制が脳の中に出来上がるというわけです。

ただ、この方法では習得できる語彙や文法事項のバラエティに限りがあるので、日常会話ぐらいまでは伸びるけど、その後伸び悩むことが少なくありません。効果を最大限に引き出すには、動画の視聴に加えてテキストによる文法や語彙の勉強を並行するのがおすすめです。

学んだことを使ってみよう

さきほど言語の習得のためには「良質なインプット」と「良質なアウトプット」が必要だという話をしましたよね。このうち「良質なインプット」に関してはここまでに書いた方法を駆使していけば、工夫次第でなんとかかんとかカバーすることも可能なのですが、問題は「良質なアウトプット」。つまり自分が学んだ韓国語を実際に試してみる機会が圧倒的に作りにくいのが独学の弱みです。教室のように自分の韓国語をチェックしてくれる先生がいるわけでもなく、留学のように是が非でも韓国語を使わなくてはいけない環境にいるわけでもありません。目の前にあるのはせいぜい机とテキストとノートだけ。せっかく頑張って韓国語の単語や文法を覚えても、自分の韓国語がちゃんと通じるのかどうかチェックすることは至難の技です。

実を言うと、韓国語を独学していた僕が韓国への語学留学を決心した一番大きな理由も、せっかく学んだ韓国語をアウトプットする機会が絶望的なほど不足していたから。当時は今のように街で韓国人をしょっち

INPUT　OUTPUT

ゅう見かけるわけでもありませんでしたし、日本人が韓国語を学ぶこと自体が大変めずらしがられた時代だったので、やっと出会った韓国人に冷や汗をかきながら韓国語で話しかけても「どうして日本人が韓国語を勉強してるの？」と流暢な日本語で聞き返されてしまうのが関の山でした。日本に来ている韓国人はみんな揃いも揃って日本語が上手で、僕がわざわざ韓国語で話す必要などこれっぽっちもなかったのです。そんなわけで「一体どこに行ったら日本語が通じない韓国人に会えるんだ⁉」と悩み悩み悩んだ末に「これはもう現地に乗り込むしかない！」となったわけです。

ここまで読んで「ああやっぱり韓国に行くしかないんじゃないか……」とがっかりしないでください。時代は大きく変わりました。みなさんが韓国に行かなくても、韓国の方からみなさんの「手の中」に来てくれる時代になったのです。そう、今みなさんが生きているのは、片手に持ったスマートフォンを通じていつでもどこでも世界とつながれる時代。このメリットを韓国語学習に活かさない手はありません！

今だからできる学習法をフル活用しよう

Twitterやインスタグラムをはじめ、世の中には多種多様なSNSが存在しています。独学中のみなさんは韓国語のアウトプットにこれらのSNSをフル活用することを強くおすすめします。みなさんが韓国語を学んでみたいと思っているように、韓国にも日本語を学びたがっている韓国人がいます。あるいは自分と同じアイドルを応援している韓国人、自分と同じような趣味を持っている韓国人もたくさんいるはずです。そして、その両者をハッシュタグひとつでつないでくれる環境が今のSNSにはあるのです。これは僕が韓国語を学びはじめた20年前には想像もつかなかったことで、今を生きるみなさんの特権と言えるでしょう。

具体的な方法やアプリについては、おそらく僕よりもみなさんの方が詳しいのではないかと思いますので、その一つ一つについて言及することは避けます。

そういうアプリを紹介する記事もたくさんありますのでぜひ検索してみて自分に一番合いそうなものを見つけてください。もちろんSNSというのは不特定多数の人とつながる空間ですので、中には変な人もいますし、個人情報の取り扱いには十分注意してほしいと思います。

韓国に留学して学ぶ

ここからは韓国に留学して現地で韓国語を学ぶ方法についてお話しします。

留学のメリットは何といっても「韓国語だらけの環境にどっぷり浸かれる」ということ。街を歩いても、食堂に入っても、電車に乗っても、テレビをつけても、どこに行っても聞こえてくるのは韓国語、韓国

語、韓国語。まさに韓国語のシャワーを浴び続けながら生活することになります。さきほど言った「良質なインプット」がそこら中に溢(あふ)れているわけです。また、習った韓国語をすぐに試すことができるので、日本ではなかなか手に入らなかった「良質なアウトプット」の機会も豊富です。もちろん住んでいるだけで勝手に上手くなるわけではないので、ちゃんと自分で努力する必要はありますが、少なくとも努力しやすい条件が揃っているという点では現地に勝る環境はないでしょう。

デメリットとしては日本で学ぶのに比べて経済的な負担が大きいこと、また文化や習慣や環境面の違いからくる思わぬトラブルに陥(おちい)りやすく、精神的に疲れてしまうケースが多いことが挙げられます。

また3か月以上韓国に滞在する場合は、留学のためのビザを取得したり、外国人登録をしたりといろいろと煩雑(はんざつ)な事務手続きに追われることになります。それももちろん韓国語で！ にもかかわらず留学は確かに非常に魅力的な経験です。異文化の中に身を置くことによって、語学面以外でも人間的に大きく成長できるチャンスなのです。

語学留学

留学にも種類があり、そのうち語学留学は韓国語を学ぶことを目的とした留学です。留学先は韓国の大学に設置された韓国語教育機関、いわゆる「語学堂」と、民間の企業がやっている韓国語教室に分かれます。留学期間が3か月以上に及ぶ場合は留学のためのビザを申請する必要があります。大学ごとに多少の差はありますが、語学堂の場合、春・夏・秋・冬の4学期にわたって開講される正規コースと、夏休みや冬休みシーズンなどに2〜3週間ほど開かれる短期コースがあることが多いです。

正規コースの場合、レベルごとに1級（入門）から6級（最上級）まで分かれており、学期の初めのレベル分けテストによって自分のクラスが決まります。もし1級からスタートして6級を卒業したいと思ったら6学期分ですので1年半かかることになりますし、最初から4級に配属された場合は9か月ほどで卒業となります。

正規コースに入ると1日4時間ほど週に5日勉強し、それが10週間で1学期となります。つまり週に

20時間、1学期で200時間勉強するわけです。日々の授業自体は4時間ですが、宿題もたくさん出されますし、学期末の進級テストもあるので、それ以外にもしっかり勉強しなくてはいけません。また出席率も重要なので、本当に毎日毎日韓国語漬けになると言っても過言ではありません。

正規コースのカリキュラムはほとんどの大学で内容が似通っていますが、短期コースの場合は大学ごとにかなりの差があります。語学力の向上のために正規コース以上のスパルタ授業が行われるところもあれば、どちらかというと語学よりも韓国滞在体験、文化体験のほうに重きを置いたカリキュラムになっているところもあります。社会人になってからの留学では短期コースを選択する人が多いです。

規模の大きな語学堂の場合、独自に開発したテキストを使用します。大学進学のため読解や作文に力を入れているところや、会話力向上を目的としたカリキュラム運営をしているところなど、大学ごとに教育スタイルに差があるので、願書を出す前にネットのホームページや、その語学堂に通っていた人のブログなどを参照して、自分に一番合ったところを見つけてください。また学生に滞在のための寮を提供している語学堂もあります。

民間の企業がやっている韓国語教室の場合、大学の語学堂に比べると学び手側のニーズに応えるため、期間面でも教育内容面でも非常に多種多様なプログラムが準備されていることが多いです。学び手のリクエストに柔軟に応じてくれるのも民間の韓国語教室の強みです。独自のテキストを使用することはほぼなく、大学の語学堂のテキストや、市販されている韓国語のテキストを利用するのが一般的です。宿舎の提供はないため、自分で韓国での滞在先を押さえておく必要があります。

正規留学

皆さんの中にはもっともっと本格的に学ぶために「韓国の大学への進学」を希望している人もいるかもしれません。近年韓国の大学のレベルは世界の中でもどんどん上がってきており、イギリスの教育専門誌タイムズ・ハイヤー・エデュケーション（THE）が2019年に発表した世界大学ランキングでは、トップ200のうち韓国の大学が6校ランクインを果たしています（ちなみに日本は東京大学と京都大学の2校のみ）。

また、グローバル化推進のために外国人留学生のための支援制度が充実している大学が多く、学費や寄宿舎費などが韓国人学生より割引されることも珍しくありません。場合によっては日本で大学に通うよりもずっと安く済んでしまう場合もあります。

さて、語学留学と正規留学では、そもそもの目的が大きく異なります。語学留学が「韓国語『を』学ぶ」ための留学だとすれば、正規留学は「韓国語『で』学ぶ」ための留学です。そのため韓国語ができることは入学時の必要最低条件とされます。大学によって多少の差はありますが、韓国語能力試験（TOPIK）で上級とされる５級以上の韓国語能力が求められることが多いようです。

韓国の大学生活ははっきり言ってかなりハードです。日本では大学に入るとアルバイトやサークル活動に精を出す学生が多いですが、韓国では大学生の本分はあくまでも勉強。毎週のように山のような課題が出され、それらをしっかりこなさないと単位を獲得することができません。出席さえしていれば単位がもらえるというような甘い世界ではないのです。高校のように中間テストや期末テストもあり、テスト期間ともなると大学の図書館は徹夜する学生たちで埋め尽くされます（24時間開放されている図書館も多いです）。さらに周りの韓国人学生はみんな悪名高い韓国の受験地獄をくぐり抜けてきた猛者（もさ）ぞろい。そんな中で外国人である日本人留学生が生き残っていこうとすれば、彼らの何倍も何倍も努力しなくてはいけません。

さらに日本人留学生を苦しめるのがズバリ英語です。「韓国に留学するのにどうして英語？」と思う人がいるかもしれませんが、韓国の大学では英語で行われる授業が必須科目として数多く設定されています。英語の授業ではありません。自分の専攻である経済学や歴史学やメディア論などで、英語の原典を読み、英語で行われる講義を聞き、英語でレポートを書いたりプレゼンテーションをしなくてはいけないのです。

そのため「韓国でキャンパスライフを楽しみたい」ぐらいの軽い考えではほぼ間違いなく挫折してしまい、貴重な時間とお金を棒にふることになってしまいます。「韓国でどうしても学びたいことがある！」という明確な目的意識と高いモチベーション、そして決してあきらめない根性（！）が必要とされます。

番外編：オンライン留学

2020年の新型コロナウイルスの脅威は世界の韓国語学習者たちにも大きな影響を与えました。特に、国を跨いだ自由な行き来が制限されることで、韓国に留学して授業を受けること自体が大変困難になってしまいました。

しかし、そんな中韓国語学習のまったく新しい形が誕生することになりました。それが「オンライン留学」です。直接留学生を迎え入れることができなくなった韓国各地の教育機関が、ネットを利用したリアルタイム授業を開始したのです。教育機関ごとに詳しい内容は異なりますが、従来の教室型の授業とほぼ同じカリキュラムにのっとって行われ、課程を終えるとちゃんと修了証も発行されます。留学課程も3週間の短期から10週間の正規プログラムまで様々です。

オンライン留学には次のようなメリットがあります。

1. 日本にいながらにして現地の講義を受けることができる
2. 授業を通して、いろんな国の韓国語学習者と繋がる

ことができる
3. 従来の留学に比べて費用が低く抑えられる（渡航費、宿舎など）
4. ビザを取得する必要がない

一方デメリットとしては次のようなことが挙げられます。

1. 留学の醍醐味である現地の生活体験ができない
2. 学んだことを生活の中で実践できない
3. 授業以外の交流や文化体験ができない
4. 授業でかなりの時間拘束されるので、仕事や学業との両立は難しい

現在、延世（ヨンセ）大学、ソウル大学、梨花（イファ）女子大学など、有力校はいずれもオンライン留学制度を開設しています。その他の学校でも今後増えてくるものと思われます。韓国語学習の新しい形として検討する価値は大いにあると思います。

コラム　スマホで楽しめるウェブトゥーンの世界

日本の漫画やアニメの世界的な人気はよく知られていますが、最近は韓国発のウェブトゥーンも人気です。ウェブトゥーンは「ウェブ」と「カートゥーン（漫画）」をミックスした言葉です。インターネットが早くから普及した韓国では、2000年代から漫画も紙の本ではなく、ウェブ上で発表されることが多くなりました。それが2010年代以降スマホやタブレットの普及に伴い全世界的に発信され飛躍的に読者数を増やしています。

ウェブトゥーンはスクロールしながら読むスタイルで、フルカラーが基本となっています。そのためスマホでサクサク読めるのが特徴です。中には効果音やBGMがついており、従来の漫画にはない臨場感が楽しめるものもあります。漫画大国の日本でも徐々に韓国発のウェブトゥーンを公開するサイトやアプリが増えていますが、ローカライズ（舞台を日本に変更すること）のために韓国の漫画だと気づかない場合も少なくないようです。

『ミセン―未生―』『神と共に』『梨泰院(イテウォン)クラス』などなど、ウェブトゥーンが原作となった映画やドラマもたくさん発表されているので、合わせて楽しんでみるのもいいかもしれませんね。

おわりに　韓国語から見える日本語の世界

韓国語を知ることは韓国・韓国人を知ることにつながる

韓国人と知り合うと、名前や趣味などの他に、初対面で必ず聞かれることがあります。それは「何歳ですか？」ということ。日本では初対面でいきなり相手の年齢を尋ねることはあまりありませんよね？ 場合によっては失礼になってしまいます。付き合いは長いけれども何歳なのかわからない友達や知り合いも珍しくありません。しかし、韓国人は本当にすぐに年齢を聞いてきます。こういう質問を受けて「韓国人は失礼だ！」とか「デリカシーがない！」と怒ってしまう人もいるのですが、実はその理由は韓国語を学ぶとわかるようになります。

韓国人は実際の家族でなくても、「형（お兄さん）」「언니（お姉さん）」など、兄弟のように呼び合う習慣があります。これは相手に対する親しみの表明でもあります。家族の呼び方は自分と比べて年が上か下かに

よって変わってきます。そのため、相手の年齢を知らないことには呼び方が決まらないのです。

また、第5章でも紹介したとおり、韓国語には「반말（タメ口）」と「존댓말（丁寧語）」の区別があります。その使い分けにおいて最も基本的な基準となるのが年齢です。そのため、会話を本格的に始める前に、相手が自分より年上か年下かを確認しておくことは、韓国語のコミュニケーションにとって非常に重要なことなのです。

言語にはそれを使用する集団の文化や考え方がたくさん詰まっています。またある集団の思考法もその言語に影響を受けています。そのため韓国語は長い歴史の中で韓国人が培（つちか）ってきた文化や考え方の結晶なのです。ここで挙げた年齢に関する話は、そのごくごく一部の例にすぎません。韓国の映画やドラマや、有名人のインタビューなどを聞いていても「どうしてこんなことを言うのだろう？」「このセリフにはどういう意味があるのだろう？」と疑問を感じることがきっとあると思います。韓国語を知れば、その言葉の奥に潜む文化や考え方に触れることができ、韓国・韓国人をより深く知ることにつながるというわけです。

韓国語を知ることは日本・日本語を知ることにつながる

韓国語を学ぶことの利点は、韓国・韓国人をより深く知れることにとどまりません。韓国語と比べることによって、反対に自分自身、つまり日本・日本語をより深く見つめ直すことにもつながるのです。

この本の中で何度も繰り返し述べてきたように、日本語と韓国語は非常に似た部分の多い言語同士です。それはおそらくみなさんも感じられているのではないかと思います。日本語ネイティブがどんな外国語よりも早く、そして深く習得することができるのが韓国語です。

しかし、勉強を続けていけば続けていくほど、「あれ？」と思う部分が増えていくのもまた、韓国語の特徴です。つまり、日本語と似ているようで似ていない、韓国語ならではの特徴がだんだん明らかになってきます。日本語では言えるけど韓国語では言えない、韓国語では言えるけど日本語では言えない、そんな単語や表現がだんだん増えてきます。

たとえば、日本語では「大きさ」「小ささ」「心細さ」など、形容詞の最後の「い」を「さ」に変えることで、名詞にすることができます。しかし、韓国語ではこれができません。正確に言うとできる形容詞とできない形容詞があり、できる形容詞であっても、統一されたルールがあるわけではなく、一つ一つ単語として暗記しなくてはいけないのです。

ここに挙げた例で言うと、「大きさ（크기）」という言葉はあっても、「小ささ」という言葉はありません。だから、「その部屋の小ささに驚いた」ということを韓国語で言おうとすれば、一旦「その部屋がとても小さくて驚いた（그 방이 너무 작아서 놀랐다）」と言い換える必要があります。これは、一般的に日本語が「体言（名詞）で終わる文章」を好み、韓国語が「用言（動詞・形容詞）で終わる文章」を好むためだと考えられています。そのため日本語は動詞や形容詞を簡単に名詞に変えることのできる簡単なルールが発達し、韓国語はそうならなかったというわけですね。

また、日本語は受動態を多用して「〜になった」という言い方を好むのに対し、韓国語は能動態で主語をはっきりさせて「誰々が〜をした」という言い方を好むのも、日本人と韓国人の世界観の違いを表していると言えます。

言語的な距離が遠い英語と日本語を比べても、そこで観察される違いが本当に日本語ならではのものなのかどうか判断するのは困難です。しかし、日本語と韓国語は似ているからこそ、小さな違いがよく目立つし、その違いの中にこそ日本語の日本語らしさの秘密が隠されています。私たちは韓国語を通じて、もういちど自らの言語の特徴や、ひいては自分たちの考え方を振り返ることができるのです。

巻末付録　韓国語の学習者はだれ？

女性に人気

まずはっきりと言えるのは日本の韓国語学習者には「圧倒的に女性が多い」ということです。2000 人の回答者の実に 94.3%（！）が女性でした。つまり 100 人中男性学習者はたったの 5 人程度しかいないということです。すごいですね。ここまで性差がはっきりと出る言語って他にちょっとないんじゃないでしょうか。僕が現在勤務している帝塚山学院大学の場合を考えてみても、韓国文化・韓国語専攻コースを希望する学生のほとんどが女子学生です。教室によっては全員女子学生で、ここは女子大学なのかと錯覚してしまうほどです。全学年合わせても男子学生は片手で数えられるくらいしかいなく、何となくいつも肩身が狭そうでちょっと気の毒です。

ただ、今女性に人気があるからといって、昔からそうだったわけではありません。僕が韓国語を学びはじめた 20 年前はむしろ男性学習者の割合が多い印象で

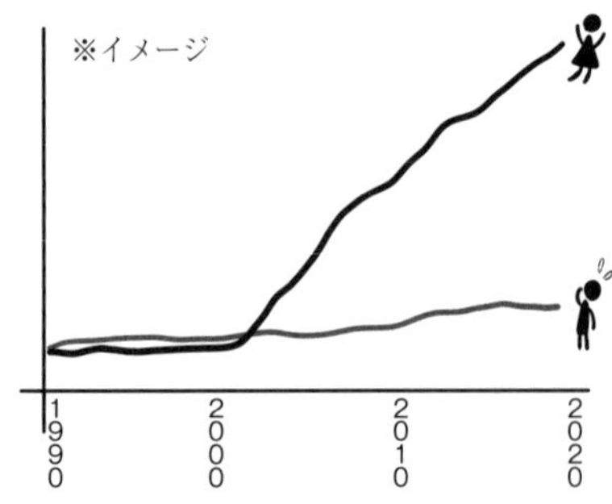

した。と言っても、今より多くの男性が韓国語を学んでいたというわけではなく、当時は韓国語を学習する人の絶対数自体が今よりずっと少なかったためにそのように見えたにすぎません。つまり、この20年間で女性の学習者の数がものすごい勢いで増えたために、相対的に男性の比率が下がったということです。

さて、たった20年でこれほどまでに韓国語学習者の男女比を様変わりさせてしまった原因は……？ 何となく読者の皆さんも予想がついているかもしれませんが、それについてはもう少しあとで触れたいと思います。

世代を超えた多様な学習者層

次に韓国語学習者の年齢層はどんな感じになってい

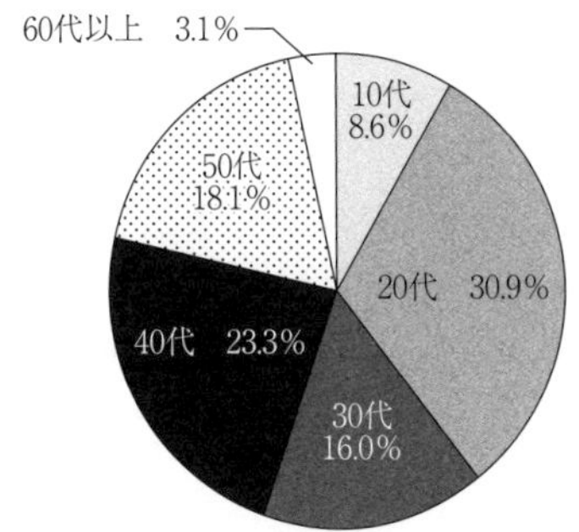

るのでしょうか？　この本を読んでいる方は、10代や20代の比較的若い人が多いのではないかと思いますが、アンケートでは次のような結果となりました。

最も多いのが20代（30.9％）、次に40代（23.3％）、そして50代（18.1％）、30代（16％）、10代（8.6％）、60代以上（3.1％）となりました。

若い世代の学習者が多そうなイメージがあるかもしれませんが、30代以上の世代が過半数を占めており、比較的あらゆる年齢層に散らばっているようです。このアンケートが若い世代のユーザーが多いSNSを媒介にして行われたことを考えると、なかなか興味深い結果ではないでしょうか。

そういえば、僕が各地で韓国語関連の講演会をするとお母さんと娘さんが親子二代で参加してくださることもしばしばあります。

日本全国津々浦々に！

皆さんは今どこに住んでいますか？ 大都会に住んでいる人もいれば、地方の農村地帯に住んでいるという人もいるでしょう。さて、次は日本のどんな地域に韓国語学習者がいるのかを探ってみます。まずは、下のグラフを見てください。

一目でわかるように関東地方が非常に多いですよね。そしてその後に近畿地方が続いています。これを日本の人口分布状況と比較してみると次のページの表のようになります。

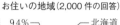

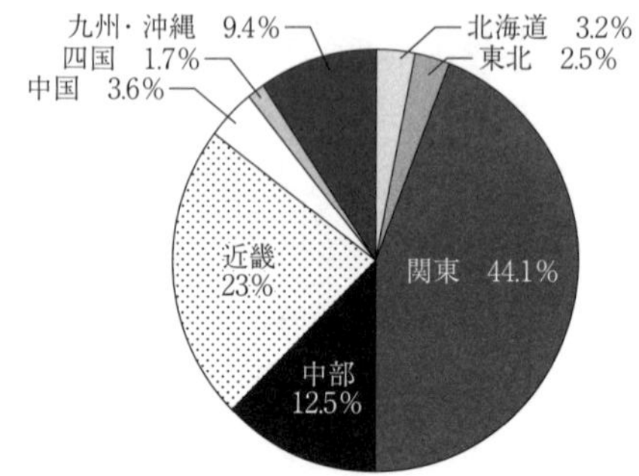

	韓国語学習者に占める割合	日本の人口に占める割合*
北海道地方	3.2%（6位）	4%（7位）
東北地方	2.5%（7位）	7%（5位）
関東地方	44.1%（1位）	33%（1位）
中部地方	12.5%（3位）	17%（3位）
近畿地方	23%（2位）	18%（2位）
中国地方	3.6%（5位）	6%（6位）
四国地方	1.7%（8位）	3%（8位）
九州・沖縄地方	9.4%（4位）	12%（4位）

＊ 平成22年総務省人口動静調査による

やはり大都市圏である関東地方と関西地方に学習者が多く集中している傾向がありますね。また、東北地方の学習者の割合の少なさはちょっと気になりますが、全体的に見ると実際の人口分布とだいたい比例しているようです。つまり、全国津々浦々（つつうらうら）に一定の割合で韓国語学習者はいると言えそうです。

独学が多い

みなさんは「外国語を勉強している人」というとどのような姿を連想しますか？ 教室に座って先生の話に耳を傾けている姿でしょうか？ それとも一人で本

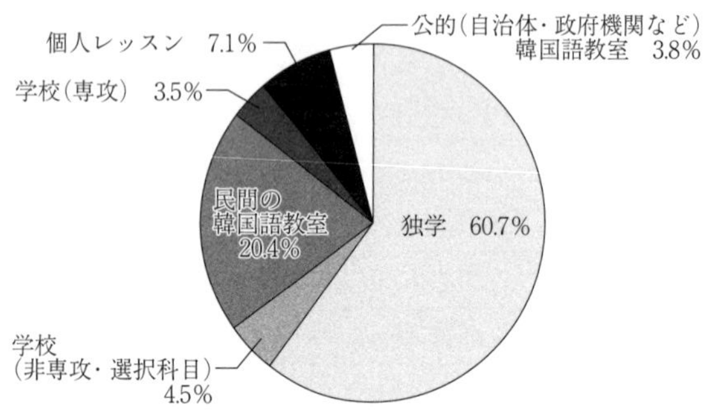

を開いて机に向かっている姿でしょうか？　一口に「外国語学習」といっても様々なスタイルがあります。

今回のアンケートから見えてきたのは韓国語学習の場合、学校や韓国語教室に通うのではなく「独学している」と答えた人が非常に多いということです。

上のグラフを見てください。回答者2000人のうち「独学」と答えた人の割合は実に6割を超えています。10人中6人が先生に教わることなく一人で勉強しているということです。

「はじめに」で、大学や高校で韓国語の授業を取っている学習者の数はざっと10万人以上に上ると推定されることを述べました。しかし、このアンケートでは学校で勉強していると答えた人は専攻と非専攻を合わせて8.1%にすぎません。つまり、このアンケートの結果が正しいとすると、全国には100万人を軽く超える韓国語学習者がいるということが推定でき、そのうち60万人以上がひとりで韓国語を勉強しているということになります。

しかもこの独学率はかなり顕著な地域差があります。たとえば首都圏と東北地方を比べてみましょう。

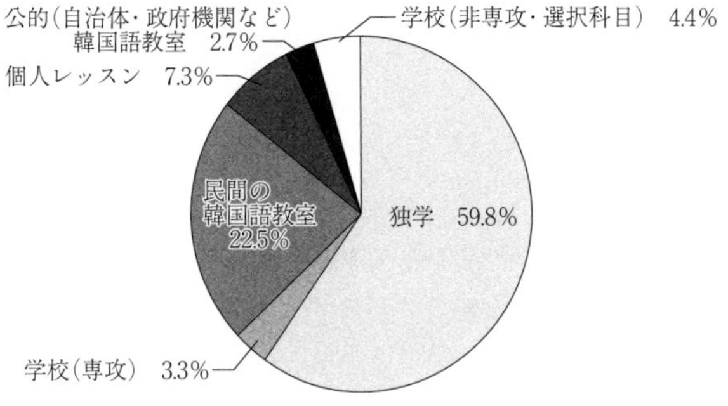

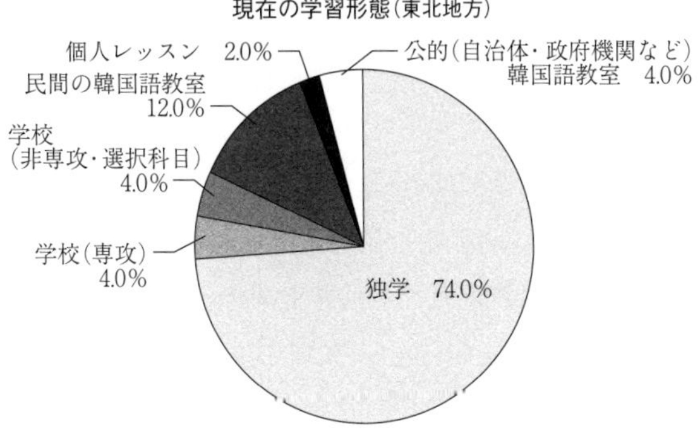

関東地方では独学率が59.8%ですが、東北地方の場合それが74.0%と実に15%もの違いがあります。大都市圏である関東地方には大学をはじめ民間の韓国語学校なども多く、韓国語ネイティブもたくさん住んでいるため韓国語を学ぶための選択肢が豊富にあるのに対し、東北地方はそれらが少ない環境であるため、韓国語を学びたくても一人で頑張らざるを得ないという現状が見えてきます。

やっぱり韓流パワーはすごい！

「韓国語を勉強したきっかけはなんですか？」日本人韓国語学習者が韓国に行ってちょっと韓国語で話したりすると、現地の人からよくこんな質問を投げかけられます。英語のようなグローバル言語でもなく、中国語のように母語話者数が多いわけでもない韓国語を、なぜわざわざ日本人が学ぶのか、彼らにとっては非常に不思議なようです。

ある外国語を自分から学んで見ようと思うのには、一人一人その外国語と出会ったストーリーがあるものですが、日本の韓国語学習者たちはどのようなきっかけで韓国語を学び出したのでしょうか。こちらのグラ

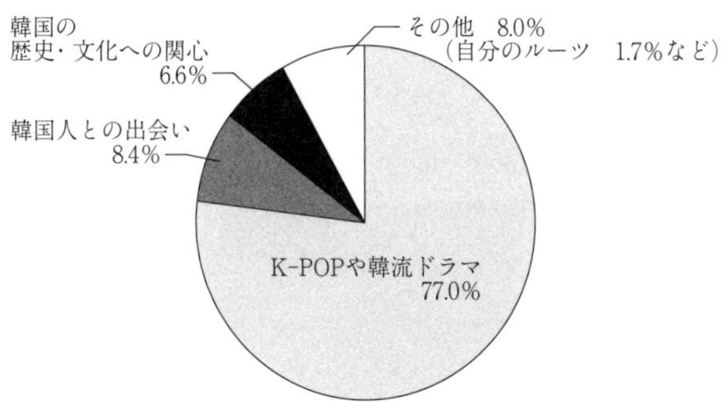

フを見てください。

予想していた方も多いと思いますが、やはりというか何というか「K-POPや韓流ドラマ」がきっかけであると答えた人が圧倒的に多く、実に4分の3を超えています。日本で「韓流」という言葉が一般的になってからまだ20年も経っていないことを考えると、20年前にはこれらの層は丸々存在しなかったことになります。いやはや韓流パワー恐るべしです。

ただ、この質問に対する答えを男女別に見ると非常に興味深い結果が見えてきます。

男性の場合「K-POPや韓流ドラマ」がきっかけになったという人は26.3%にすぎません。順位としては確かに1位ですが、「韓国の歴史・文化への関心」と同数の1位タイです。

韓国語の勉強を始めたきっかけは何ですか？（男性）

韓国語の勉強を始めたきっかけは何ですか？（女性）

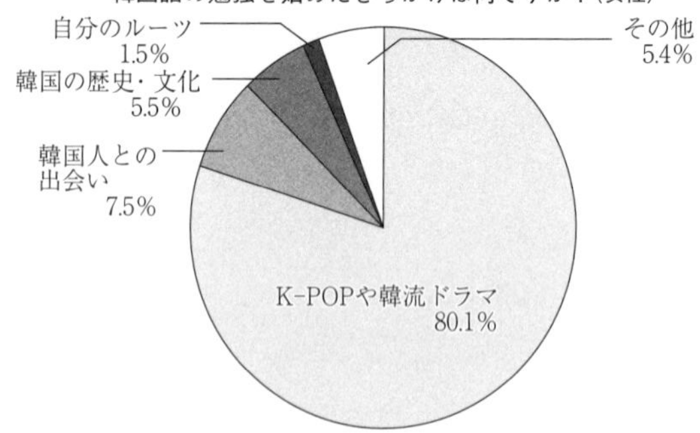

それに対し女性は「K-POPや韓流ドラマ」と答えた人が実に80.1%！ 2位の「韓国人との出会い（7.5%）」を圧倒的な差で突き放しています。

つまり、日本の韓国語学習者の絶対的なマジョリティである女性学習者を突き動かしているもっとも大きな原動力がまさに韓流にあるということがわかります。

chikuma primer shinsho

ちくまプリマー新書369

高校生からの韓国語入門

二〇二一年二月十日　初版第一刷発行

著者　稲川右樹（いながわ・ゆうき）

装幀　クラフト・エヴィング商會

発行者　喜入冬子

発行所　株式会社筑摩書房
東京都台東区蔵前二-五-三　〒一一一-八七五五
電話番号　〇三-五六八七-二六〇一（代表）

印刷・製本　株式会社精興社

ISBN978-4-480-68394-6 C0287　Printed in Japan